社会生态交易成本视角下的农村土地流转研究

李永安　著

中国财经出版传媒集团
中国财政经济出版社

图书在版编目（CIP）数据

社会生态交易成本视角下的农村土地流转研究/李永安著．—北京：中国财政经济出版社，2019.2

ISBN 978-7-5095-8713-3

Ⅰ．①社…　Ⅱ．①李…　Ⅲ．①农村-土地流转-研究-中国　Ⅳ．①F321.1

中国版本图书馆 CIP 数据核字（2018）第 274094 号

责任编辑：胡　博　　　　责任校对：张　凡

封面设计：孙俪铭

中国财政经济出版社 出版

URL：http：//www.cfeph.cn

E-mail：cfeph@cfeph.cn

社址：北京市海淀区阜成路甲 28 号　邮政编码：100142

营销中心电话：010-88191537　北京财经书店电话：64033436　84041336

北京财经印刷厂印刷　各地新华书店经销

787×1092 毫米　16 开　11 印张　179 000 字

2019 年 2 月第 1 版　2019 年 2 月北京第 1 次印刷

定价：58.00 元

ISBN 978-7-5095-8713-3

（图书出现印装问题，本社负责调换）

本社质量投诉电话：010-88190744

打击盗版举报热线：010-88191661　QQ：2242791300

序

“三农”问题之所以成为跨世纪问题，有着长期的历史积弊。新中国成立以来，一直奉行赶超和效率原则：计划经济时代，为赶英超美，在“无工不富”的战略思想下，为支持工业化城市化，对农村实行“一平二调”；市场经济改革以后，通过工农产品剪刀差，在物质资源上对农村掏空；为解决工业化城市化资金不足，实行增长极战略，国家支持政策重点向城市倾斜，农村的精壮劳动力被掏空。尽管后续出台了一系列的利好农村和农业的政策，如取消农业税，乃至直补农业，却没有改变土地撂荒现象；新农村建设、新型城市化建设、美丽乡村建设、土地确权乃至旅游扶贫等一系列的措施，没有改变农村较普遍的“老人村”“无人村”的空心化现象；粮食的政府收购价已超过了进口粮食的天花板价，在国际贸易战复杂化、不确定性的当前和未来，粮食安全隐患不可掉以轻心。新时期“三农”问题愈加复杂，因而要用系统化的思维去思考当前的“三农”问题。

永安是我的博士生，他来自农村，怀着对“三农”问题的责任感和使命感，跟随我学习和研究“三农”问题。在博士论文选题的过程中，每每与我讨论，甚至有意见分歧。但我们的共识是，“三农”问题是一个系统性问题，不能头痛医头、脚痛医脚。千头万绪，总有一个切入点，于是决定从农村土地制度方面，去分析“三农”问题的症结之所在，因为土地不仅是威廉·配第所言“财富之母”，即农业生产的第一要素，也是农村社会和人类社会的承载。从土地流转方面来考察“三农”问题，也就是从人地关系的优化与重组方面考察土地资源的合理性配置问题，旨在更充分发挥土地资源和人力资源的双重效率。

我向来主张，土地流转也好，劳动力流动也好，均应符合市场的“自适性”法则。应当保障农民基本利益，促进农民与社会的良性互动，才能符合空间正义的原则。而不应当先入为主地对农民素质问题、城市化进程中与农民谈判的交易成本问题等进行质疑，并在此基础上主张“代民作主”，通过政府强力手段，以征地代替市场流转。我曾经在一次以城镇化为主题的学术交流会上提出：在推进城镇化的进程中，应当有乡镇集体和农民个体这两个主体，依靠自己的土地生产要素，在符合城乡规划和土地自主流转的前提下，不经过土地征用，自主参与市场化与城镇化的进程。体现在具体的方式上，则包括两方面的选择：第一，在适合就地城镇化的地方，以乡镇集体为主要推手，在与农民协商一致的基础上，立足于集体土地，推进工业化和城市化并实现农民生产方式转变与分享经济成果；第二，适宜异地城镇化的地方，农民通过手中土地等财产要素的自主流动，自主、有利、适时、有序融入异地城镇。“农民自主型城镇化”的核心或关键是将以土地为主的生产要素的基本权利和城镇化的选择权、决策权交还农民。因此，“农民自主型城镇化”模式，与目前运行的由政府垄断土地市场的“被动”城镇化模式相比，是一种更为协调与可持续的城镇化模式。我想，不仅城镇化是如此，美丽乡村建设、特色小镇建设，以及农民的职业分化，均应该以土地等生产要素的市场化自主流动为前提。只有如此，无论是农村的物质资源，还是人力资源，才能“各就各位”，符合社会生态的理想配置。

本书是永安的博士论文，论文研究的可取之处在于：将“社会生态”纳入到交易成本中，突破了以往过多地从经济角度考察土地流转的效率问题；并且从“社会生态”方面系统性考察农地流转问题，从而避免研究思路的碎片化。作者将社会生态定位于人与自然，人与社会的双重关系的统一。人与自然的关系围绕着“利益”形成博弈，最终又统一在人与社会的关系中。土地属于自然资源，同时又是社会空间的承载和由社会关系决定的利益关系的集中反映。围绕着两重关系，全文脉络清晰，观点鲜明。例如，对农民恪守农地保护的生态补偿、土地保障不能代替社会保障、不要过多纠结于农村土地“姓公”还是“姓私”、农村妇女土地权益中的法律“明规则”与“村规民约”潜规则之间的矛盾等一系列焦点问题，均体现了作者的真知灼见，并形成了 10 来篇论文作为前期成果发表在核心及以上级别期刊上。当然，任何的著作及其思想观点，均不可能十全十美，学术成长与人的成长一样，是一个漫长的过程。

我国政府将“三农”问题作为经济工作的“重中之重”。党的十九大提出乡村振兴战略，更是期待从更系统化的角度，解决“三农”问题。2004 年至 2019 年连续 16 年的中央一号文件，更是反映了政府对“三农”问题的重视。然而，20 年的“三农”支持政策，为什么“‘三农’问题依然严峻”？具体到农村土地问题，即使在土地确权改革接近尾声的今天，有些地方政府仍然下指标，要完成“多少个”乡村旅游项目。问题在于，不通过“运动式”强征，在短时期内完成这些项目，土地从何而来？制度的惯性比想象的要强大得多，这些“硬骨头”问题均值得我们深入研究。有关“三农”和农村土地制度改革的学术争论仍然在继续，但有一点，我认为当前应该在现有制度框架下，通过增权赋能、稳定预期等方式，确立公平的新起点，而对于一些历史的做法不宜争论不休，否则会陷入无限循环的无意义论争中。我已年愈花甲，期待后辈继续努力，深入探究“三农”特别是其基础“土地”问题，为农民呼吁，为中国现代化献计献策。

温锐

2019 年 1 月 20 日于

江西财经大学蛟桥园

目　录

1

导 论

1.1 研究的背景与意义

1.1.1 研究的背景

(1) 双重困境：前改革红利消失和“三农”问题依然严峻

农村家庭联产承包责任制的改革，使农地相关主体权益更明确，使国家、农民和农村集体组织三方面利益实现了均衡化发展，解决了激励不足的制度问题，实现了帕累托改进，在一定时期内大大促进了生产力的发展和农民生活水平的提高。但是，农村家庭联产承包责任制的改革，其红利不可能持续不变。表现在：首先，目前土地细碎化问题严重，使小农局限性明显。中国地少人多是现实情况，人地矛盾突出，而所谓“家庭联产承包责任制”实际上仅是家庭承包，没有“联产”。这种家庭经营模式，从一家一户几亩到十几亩不等的小规模经营，无法适应农业现代化发展，各家各户的农田也无法集中连片(好田差田均分的结果)。其次，农村劳动力过剩，从事农业的比较利益越来越低、机会成本越来越高，虽然农业税费取消，但土地抛荒问题仍然严重。总之，土地细碎化阻碍规模经营和产业化经营，小农局限性、农业生产积极性减弱等问题凸显，改革红利递减甚至边际趋零。

“三农”问题提出至今，虽然经过了农业赋税改革、新农村建设等一系列举措，但形势仍然严峻，原因在于城乡二元结构没有根本改变，而其根子在于土地制度问题，农村土地承载了太多的社会职能而不能承受其重——如维系农民的务农职业，在社会保障缺失条件下农民被拴在土地上的家庭保障等等。三农问题还派生出一系列悬而不决的、涉及横跨城乡的整个社会问题，如 18 亿亩耕地红线如何守住、农业现代化如何实现、农业环境污染的治理和改良、国家垄断农地发展权条件下的房价如何调控等一系列的问题，甚至春运问题、农民工问题、留守老人妇女和儿童问题等，都直接或间接与农地制度缺陷有关。原因在于：随着现代社会分工日益多样化、细化和专业化，以及社会职业选择越来越多元化，传统的人地结合制度已经不能适应这种新的时代变化需要，只可能导致社会非均衡发展的畸形状态，加剧“三农”问题的严重性，从而使社会生态失衡。

总之，无论是土地细碎化、农民与土地及农民与户籍捆绑的土地制度障碍造成的改革红利消失，还是“三农”及其派生问题的严峻性，均呼唤以新的土地制度改革深化来突破土地资源紧张的自然约束困境以及社会失调困境。

（2）工业化城市化“低成本”征地与经济社会协调发展理念相冲突

近年我国的城市化工业化所谓高效推进，国家建设的面貌大大变化，这充分体现了“政府作为”在社会主义建设中特别是转型期的建设中，有着不可替代的作用。正是这种政府主导的高速度工业化城市化建设，使中国 2010 年一跃成为世界第二大经济实体、第一大工业制造国。由中国社科院社会学研究所和社会科学文献出版发布的社会蓝皮书《2012 年中国社会形势分析与预测》指出，2011 年城镇人口占总人口比重首次超过 50%。工业化、城市化和市场化，已成为拉动中国巨大社会变迁的“三驾马车”①。亚洲开发银行 2011 年 8 月 15 日在泰国曼谷发布的《2012 年亚太地区主要指标》报告中的特别章节“亚洲的绿色城市化”中称，中国的城市化率从 20 世纪 50 年代的 11%，提高到目前（指报告时）的 51%，只用了 61 年②。

① 杨雪梅：《我国城市化水平首超 50%》，《人民日报》，2011 年 12 月 20 日。
② 暨佩娟：《亚洲城市化推动绿色科技》，《人民日报》，2011 年 8 月 16 日。

但是，在取得成绩的同时，仍然不能忽视一系列突出问题：第一，在以土地非农流转的征地基础上的招商引资过程中，在 GDP 地区大竞赛下，出现条块分割、地区壁垒、重复建设、产能过剩等等负面问题，造成了资源浪费，破坏了自然环境。第二，我国工业化城市化“低成本”战略推进，这种“低”是以低价征地为前提，是以剥夺农民的土地财产权、土地发展权为基础，使土地纠纷成为社会顽症，与征地相关上访事件层出不穷，增大了国家的政权维护（维稳）成本，使社会生态关系失衡，因而，从宏观的社会层面用交易费用理论分析，并没有降低工业化城市化推进的交易费用，只是把交易费用以社会生态失衡的负外部性方式转向社会。第三，工业园区的摊大饼式开发，直接浪费了大量的土地资源，有违于生态环境，加之土地城市化快于人的城市化，产权制度原因导致农地流转机制不畅，使农村大量的宅基地闲置或低效利用，造成农村和城市两头土地资源浪费惊人，这种征地制度的社会成本是无法估量的。正如吴敬琏指出的，中国是一个土地非常短缺的国家，在城市化过程中土地浪费却非常严重，土地城市化速度超人口城市化速度，万元 GDP 耗用土地面积超过发达国家 10 倍以上。而且用这样的办法进行城市化就带来了大量的失地农民和大量虽然进了城却并没有真正成为市民的城市化“农民工”，于是出现了双重二元结构①。这大大违背了生态文明的发展理念。

（3）上述背景下共识与问题：农地流转的改革突破口与如何流转

如前所述，现行农地制度存在着诸多问题，前述低成本的征地导致社会矛盾突出，实为追求国家城市化工业化效率过程中产生的社会负外部性问题；而农地抛荒事件，实为农业生产的弱质性导致的比较收益低下（机会成本高），而农业生产的生态价值等社会正外部性价值（如国家粮食安全保障、田园景观的保护）没有通过获得足够补偿以达到与社会平均收益均衡。现代经济学告诉我们，如果没有垄断等因素，在完全市场下（包括就业市场）没有超额利润，当然也就不存在超低收益。严格说来，在以交往为特征的现代复杂社会下，经济主体参与经济活动，都会对他人或社会产生或好或坏的影响，经济主体的经济活动要么有负于他人或是社会公共领域（负外部性），要么社会公共领域或他人有亏于某一具体的经济主体（正外部性）。从长远来说，正、负外部性问题，如果得不到有效解决，都不利于社会总体福利的增进，前者危害社

① 吴敬琏：《城市化最大的问题是效率低下》，《人民日报》，2012 年 10 月 17 日。

会是直接的，后者会挫伤经济主体的积极性，从而阻碍社会经济的正常发展，这些问题实则是制度缺位所致。外部性问题的解决，须通过公共制度（如产权制度、税收制度等）来调节实现，良性的制度能够将外部性问题内部化，从而规范经济主体的行为，使其符合社会生态规范。因而，现行农地制度下的社会协调发展困境，须通过深化改革来实现突围。

在前述“后改革”时代改革红利不再、“三农”问题仍然严峻、征地社会矛盾凸显，以及农地经营流转过程中的其他外部性问题突出的背景下，新的时代要求找到一个改革继续深化的突破口。土地不仅是农业经济的物质基础，更是一切社会的财富之母，所有经济活动都在土地上上演。农地制度改革更是成为社会改革的“急先锋”，新民主主义革命（土地革命）、社会主义改造（集体化）、改革开放（家庭联产承包责任制）等社会改造或新政策实施，无不以农地制度改革为切入点。今天，农地的经济基础地位、社会关系纽带地位、附着在土地非农化基础上的利益再分配格局的重构地位（如农地开发过程中农民补偿金、国家出让金、房地产商收益、房产业主的利益格局形成等）仍然没有改变；土地及其派生问题和“三农”问题纠缠不清。从这个意义来说，未来改革深化，仍然要以农村土地为着力点。

党的十七届三中全会通过《中共中央关于推进农村改革发展若干重大问题的决定》提出：“加强土地承包经营权流转管理和服务，建立健全土地承包经营权流转市场，按照依法自愿有偿原则，允许农民以转包、出租、互换、转让、股份合作等形式流转土地承包经营权，发展多种形式的适度规模经营。有条件的地方可以发展专业大户、家庭农场、农民专业合作社等规模经营主体。”① 这体现了新的政策精神——允许甚至鼓励农地市场化流转，以达到规模化、技术化和市场化效应。而胡锦涛在十八大报告中指出“坚持和完善农村基本经营制度，依法维护农民土地承包经营权”；同时又指出“培育新型经营主体，发展多种形式规模经营，构建集约化、专业化、组织化和社会化相结合的新型农业经营体系”②。这说明要在坚持家庭联产承包责任制的小农组织方式的基础上，向新型农业经营体系迈进的政策指向。但有一点值得注意：在

---

① 中共中央文献研究室编：《十七大以来重要文献选编（上）》，中央文献出版社，2009年，第67页。

② 胡锦涛：《坚定不移沿着中国特色社会主义道路前进，为全面建设小康社会而奋斗》，《中国共产党第十八次全国代表大会文件汇编》，人民出版社，2012年，第22页。

坚持前者的基础上向后者发展，需要农地资源在不同主体之间的重新配置，因而加快农地流转，使宜农者从事农业，不宜农者从事其他行业，实现农业生产要素和经营者（劳动力）之间的最佳结合，使社会生态良性发展，是改革的当务之急。2013 年的中央一号文件所提家庭农场，其认定标准就经营规模来说，绝不等于当前小规模的家庭经营，这都要求农地流转。2017 年 2 月，“田园综合体”又写进了中央一号文件①。在城乡一体化思路下，田园综合体无疑包含着土地资源在内的资源城乡互动。党的十九大报告则提出乡村振兴战略，在“乡村振兴战略”标题下，首先提到要进一步完善“三权分置”的土地制度，并提及二轮承包期基础上再延长 30 年，稳定了土地流转的预期②。

既然加快农地流转已为共识，关键问题已不在于农地要不要流转，而是要怎样流转，以何种理念为指导、通过何种制度的改良使农地“合理”流转。在诉求生态文明理念的新时代，要反思在过去的土地资源配置过程中，以分税制为制度激励下的区域经济价值导向；反思忽视土地资源集约利用和保护、忽视社会利益均衡的土地资源配置方式；明确在农地流转经济行为中政府何为、市场何为，它们的职能边界和职能交叉点是什么。党的十八大报告提出“优化国土空间开发格局”的生态文明建设新举措③，这里的“优化”其实内在地包含了土地空间与人的动态性、适宜性结合，这种适宜性无疑要通过土地或人的合理流转（动）实现。现阶段就是要突破唯经济标准是论的发展理念，以社会更加和谐、人的幸福最大化为目标去诉求农地流转，即以社会生态发展成本视角考察农地流转问题。这个问题，绕不开农地流转的两个主体：一是作为国土资源主权代理的政府，二是作为土地财产主体的农民。任何财产的价值都应是通过参与市场交换，或是比照他人同类财产市场交换的价值体现出来，土地财产当然也不例外。这样，协调政府土地资源管理权与农民财产权的过程，无疑是规则的形成并遵照执行的过程，即制度形成过程。现代制度理论将制度作为一个重要解释变量，纳入到经济社会发展的分析框架中，无疑是有说服力

① 《中共中央　国务院关于深入推进农业供给侧结构性改革加快培育农业农村发展新动能的若干意见》，2017 年 2 月 5 日。

② 习近平：《决胜全面建成小康社会　夺取新时代中国特色社会主义伟大胜利——在中国共产党第十九次全国代表大会上的报告》，2017 年 10 月 27 日。

③ 胡锦涛：《坚定不移沿着中国特色社会主义道路前进，为全面建设小康社会而奋斗》，《中国共产党第十八次全国代表大会文件汇编》，人民出版社，2012 年，第 36 – 37 页。

的。而制度建构的核心理念是如何节约交易费用，当然，需要进一步深入探讨的是以谁为本位，节约谁的交易费用。本书以新制度经济学的交易费用理论为分析工具，探讨当前农地流转的核心制度——产权制度，及其制度环境（相关配套制度）问题导致的人与自然、人与社会（包括未来社会）两重关系（社会生态）失衡的农地流转社会生态交易成本（而不仅仅是交易双方——农民、政府或是商家交易主体的成本），这种成本的具体表现是在片面追求所谓经济发展以及增长效率的过程中，人们生存的自然环境越来越恶劣，人与人之间的关系愈来愈紧张，经济社会可持续发展遭到挑战。为此，本研究突破仅将交易主体的交易成本纳入考察范围的局限性，将社会生态纳入到交易成本中，探讨如何通过制度改良，使农地流转交易的社会生态成本降低。

1.1.2 研究的意义

（1）理论意义

首先，试图对农地流转问题和已有观点进行系统化的理论分析。与农地流转的鼓励政策相呼应，无论是政界、学界还是舆论界，对于农地流转相关问题提出了各种观点，如自然科学理论从农地主体的经营行为对土壤结构（如肥力）的影响、经济学理论从资源配置或从制度绩效、社会学理论从社会公平及社会结构变化（如征地后农民市民化及文化摩擦）等方面探讨农地流转的命题。而不同的学科领域，从自己的理论背景、立场和观点来思考问题，难免有失偏颇。本研究用生态学及系统论的原理和方法，考察农地流转相关的自然环境及经济、社会问题。把农地流转相关活动的影响放在“自然、社会和经济”一体化的社会生态系统整体中进行考察，将人与自然、人与社会的关系状态定位为社会生态，避免在理论视角和理论分析工具上以偏概全。“三农”问题是个系统性问题，不能就“三农”谈“三农”；而农地资源配置及其相关的利益分配问题是“三农”问题的基础。本研究力图拓宽理论视野，在吸收现有的理论成果基础上，针对不同的学科背景、不同角度下的农地流转理论观点，以“社会生态”视角进行合理统整，力图构建一个能够使农地流转符合社会生态系统中各要素相互联系、协同演进、调节控制、可持续发展的符合生态规律的分析思路。

其次，将社会生态作为成本—收益纳入农地流转交易费用的分析框架中。

鉴于土地的公共资源属性与私人财产属性的“两位一体”，要从理论上分析农地流转的生态目标问题，必须着重分析制度问题（如产权制度、土地登记制度、流转税制度以及宏观组织制度——政府与市场的关系等）。而制度构建的依据是交易费用的节约。本研究认为，看何者更能降低农地流转的交易成本，而这种交易成本的分析要跳出交易双方主体双方之外，更为重要的是要考虑社会生态协调性成本。

最后思考和坚持一些理论观点。何种制度安排或是何种组织形式更能降低农地流转的社会生态成本（节约交易费用）？本研究认为，在社会化大生产和交往日趋复杂的现实背景下，人与自然的关系可还原为人与社会的关系，理由在于，很多的生态环境问题，是人们围绕着生产交往活动所导致的交易费用；制度问题是农地流转社会生态目标优化的核心问题，好的制度可以减少制度执行的社会成本；新型城镇化战略下农地非农流转，要从行政权力外生力量驱动型转向由农民参与博弈的内生力量驱动型；农地股份合作制模式是农民争取土地发展权的可行性理论依据；农地所有权制度不要纠结于“姓公”“姓私”，关键是赋予农民土地承包使用权财产权定位；等等。

（2）实践意义

首先，本研究着眼于有时代紧迫性的“三农”问题的实践需要。由前述“背景”可知，“三农”问题依然严峻，而土地问题又是“三农”问题根本性和基础性的问题，理顺土地相关权益关系，是新时期解决“三农”问题的前提。

其次，有利于在农地流转实践中打破唯经济标准是论的惯性思维。目前，在经济建设实践中，对土地可持续利用重视不够，虽然有这方面的“认识”，但是实践中却无这方面的“意识”。新中国成立以来，我国的土地制度安排，体现的是服从快速工业化城市化的需要，这与一定的增长方式相适应。但是，在经济转型后期的今天，新的形势要求转变发展方式，实现经济社会可持续发展。长期以来，在地域竞争和分税制的大背景下，在地方政府主导经济发展的过程中，唯 GDP 是论，造成农地非农流转交易中极高的社会成本——土地粗放利用，土地资源浪费惊人，破坏了社会公平公正。反思过去，本研究力图打破目前针对相关的经济政策、针对农地相关主体经济行为“唯经济标准是论”的单一绩效评价模式，将社会生态本身的损失或是社会生态优化机会的损失纳入到农地流转交易费用（成本）中进行评价，为土地资源配置朝着生态发展的实践目标造势，从而形成正确的发展价值导向。

再次，揭示农地流转实践中的相关主体关系摩擦问题并提出应对措施。针对农地产权关系、主体关系（政府、农民、相关商人、社会等关系）、政府与市场的关系等方面的不清或越位缺位状态，试图探讨关系各方特别是政府与市场关系定位问题，从而避免农地流转实践中的关系摩擦，降低农地流转摩擦性交易费用，使农地流转有利于向社会生态优化目标发展。

最后，为新的政策践行推波助澜。党的十八大报告指出，建设生态文明，是关系人民福祉、关乎民族未来的长远大计。并提出今后做好生态文明工作的四个方面的“抓手”：一是优化国土空间开发格局；二是全面促进资源节约；三是加大自然生态系统和环境保护力度；四是加强生态文明制度建设①。从这四个方面的工作部署来看，农村土地问题是重要的问题：它既是国土空间要素，又是自然资源；既有自然环境属性，又有社会关系（生产要素）属性，同时，还有农民私人财产的属性。建设生态文明社会离不开农地资源合理配置、农地环境保护、农地发展权收益的合理化分配等一系列自然、社会关系的协调。因而，在生态文明成为未来发展方向的总趋势下，从自然环境、社会关系协调性角度探讨农地流转问题，符合新的政策指向。

总之，本研究的价值在于：其一，响应了十八大从“四位一体”到包括“生态”在内的“五位一体”总体布局的政策精神，以及十八届三中全会关于充分发挥市场在资源配置中的决定性作用、城乡建设用地同地同权等政策精神；其二，将“社会生态”的损益纳入农地流转的交易成本和收益中考察，打破唯经济增长是论的思维定式，以自然、社会综合协调性的视角，拓宽对农地流转绩效评判的分析视野；其三，为新时期农地流转的制度改革过程中如何处理利益分配关系、经济与生态关系以及土地资源配置方面的政府与市场关系提供借鉴。

---

① 胡锦涛：《坚定不移沿着中国特色社会主义道路前进，为全面建设小康社会而奋斗》，《中国共产党第十八次全国代表大会文件汇编》，人民出版社，2012年，第36－37页。

1.2 研究的内容与方法

1.2.1 研究的主要内容与技术路线

本研究所指的社会生态，是尊重生态约束规律，基于人与自然（物）、人与社会（人）双重关系协调的社会发展方式。而破坏这两重关系协调的经济活动，则产生了社会生态交易成本。这种界定的依据是，在社会化的大生产与社会交往为典型特征的现代社会，人与（自然）物的关系归根结底又体现为人与社会（人）的关系，因为人的社会生产方式、交往过程中的权利及利益分配格局，影响着自然环境。人与社会（人）的关系生态具体包括政治生态系统、可持续发展的经济系统、文化生态系统等及其各自子系统。因而，在社会生态系统的两重关系中，人与社会（人）的关系更为丰富。而土地流转不仅是以农民土地财产权利让渡为内容的经济活动，从历史和现实看，中国的土地问题还表现为政治问题。其制度安排都紧密联系着政府主导的中国的发展道路、发展方式的选择。长时期以来，我国建立在一定的土地资源配置方式基础上的经济发展方式，使经济增长付出了太多的社会生态交易成本。本研究以农地流转为具体研究对象，以交易费用（成本）理论为分析工具，将社会生态成本纳入交易费用中，探讨政府主体、市场主体（农民）在何种关系状态下，才能突破单纯以经济目标是论，忽略社会生态成本的农地流转方式，实现农地流转行为更大的社会生态效率。

本研究的主要内容包括以下几个方面的问题：

第一，回顾农地流转的相关学术史及对研究问题的一些认识误区进行清理，并试图拓展分析问题的新视角。

对农地流转相关的制度及制度环境、行为动力等相关观点，从社会生态成本—收益的视角进行再思考；对国家现代化效率逻辑、土地保障能否代替社会保障、国土资源权与农民土地财产权二权之间的关系、农村土地的社会职能与国家公共产品提供职能的错位等一系列问题的认识进行再分析，清理错误观点。将社会生态成本及社会生态的机会成本纳入农地流转的交易费用评判内容中，并在此基础上，重新审视在土地资源配置问题上的政府职能、市场职能之间的关系，提出制度革新问题。

第二，农地制度短板与农地流转交易的社会生态成本。

探讨现行农地产权主体不清的制度安排下，经济主体（包括政府、农民和商人等）的投机行为造成农地流转交易的社会生态成本（可概括为人与自然、人与社会两重关系失衡）过高；制度环境不健全（如社会保障、税收制度等）使农地流转预期不明朗而阻碍流转交易的发生，即阻碍了人地更佳结合的机遇，形成社会生态优化的机会成本；农地流转的宏观组织方式——政府与市场的关系错位导致的社会摩擦成本。从社会生态交易费用节约的角度审视制度改良问题。

第三，当前与农地流转实践中相关的现实突出问题及其社会生态交易费用的分析。

农地制度短板在于产权主体不清的制度安排，它派生出一系列突出的现实问题。这些现实问题，正是制度摩擦造成的社会生态成本之具体形态，是制度实施过程中导致的社会生态交易成本；一些突出问题得不到解决，又会成为未来农地流转过程中，增加交易的社会成本之原因。这些急需关注的突出问题表现在：农地生态保护与农地发展权的悖论及其破解；农村妇女（出嫁女）土地权益的法律保障与农地产权归集体的法律规定的冲突；新型城镇化建设中土地流转如何打破城市化进程中的外力驱动模式，探寻以农民为主体的内生力量；农民土地发展权的争取与土地股份合作制的制度创新等。对这些问题的探讨，均围绕着制度安排及其影响社会生态交易费用（人与自然、人与社会两重关系失衡的社会成本）问题展开。

第四，基于社会生态成本节约的农地市场化流转制度重构。

在充分研究上述三个基本内容的基础上，提出以产权边界清晰为“制度硬核”，使外部性问题内部化。借此，降低由于权益不清导致的租值耗散对土地资源的破坏成本，更大程度避免价格扭曲、畸形交易的社会信息失灵成本，以及减少由于制度安排不能形成交易预期，选择不交易导致的社会生态机会成本。以土地登记制度、土地流转税制、社会保障完善等为“制度保护带”（制度环境）。理由在于：通过土地信息登记，使交易程序法制化，从而降低交易的不确定性（如违约）风险；通过税制增加流转行为主体的农地非农流转交易成本，从而更好地保护耕地以及使流转行为更趋于社会生态优化目标；通过完备的社会保障制度使拟不从农者敢于将农地流转出去，促进农地资源配置和农地主体合理流动，形成最佳人地结合状态而降低社会生态的机会成本。以人的经济行为为考察对象，从人与自然、人与社会关系及其子关系之间多重关系均衡的社会生态视角，分析政府制度提供者、管理者地位与农民市场行为主体者地位的权益边界，提出有利于降低农地流转社会生态交易费用的农地流转的合理宏观组织模式；在明确上述根本制度及其制度环境以及流转理念的基础上，从农地流转的社会生态成本节约和社会生态系统优化的角度，论证农地股份合作制、家庭农场等农地流转的微观组织形式的可行性，即创新宏观微观组织形式，平衡农地权益关系和优化农地资源配置。

全书主要内容包括六个模块：模块一是总体介绍部分。此部分总揽全局，为理解全文的研究背景和研究主旨提供“引子”（见本书导论部分）。模块二是理论探讨部分。包括：（1）对已有相关理论观点的梳理，即理论观点回顾，并引出研究的新问题；（2）理论依据，即农地流转何以影响社会生态成本；（3）理论支撑——以新制度经济学的交易费用理论为分析工具。模块三是制度的分析，包括制度核心——产权问题，制度环境——相关配套制度，以及农地流转的宏观组织制度——政府与市场的关系。从交易费用的角度分析何种制度安排更能节约社会生态成本。模块四是历史与个案经验。通过历史上的土地流转相关制度演变，以及制度安排产生的农地流转社会生态损益，以期总结经验教训；通过现实个案调研，获取经验材料，分析其农地流转交易费的社会生态成本情况，以推及一般。模块五是现实的问题。选取若干涉及人与自然、人与社会两重关系失衡的突出性问题，包括：对现实农地及其流转相关制度及其实施的社会生态成本的审视，即“产权制度短板问题”在于产权不清，导致农地相关行为主体的投机的交易成本过低，增加交易的不确定性和社会风险性等社会生态成本。此外还有“现实短板”问题，包括行政外力强制推动下的农地流转及发展方式问题、农村妇女土地权益问题、农地生态补偿问题等等一系列反映在土地上的自然资源环境问题和社会利益关系问题。而这些现实突出问题，实质上反映的是人与自然、人与社会两重关系失衡及其如何破解的社会生态问题。这些问题本身又可理解为由于制度原因（制度缺位、越位等）导致的摩擦性社会生态成本之具体形态，即社会生态成本以社会问题的形式具体体现出来。同时，这些问题又是社会生态进一步优化的障碍，加大了农地流转趋于社会生态优化的交易成本，形成恶性循环。模块六为对策建议。提出了强化“制度硬核”——产权制度，增加投机行为的私人交易成本，减少农地流转交易的社会生态成本；完善相关“制度保护带”——农地流转税收制度以及一体化的社会保障制度等等，通过税收调节，增加农地非农化的私人交易成本，保护耕地，同时减少通过流转达到更佳人地结合状态的私人交易成本，即减少农地生态优化的机会成本；创新农地适宜的组织模式，如股份合作制、家庭农场等，通过纵向一体化的方式，避免在农业发展过程中，单纯由商业资本涉入农业产业化进程中，导致“要现代化不要农民”的社会利益关系失衡之社会生态风险成本。制度建议紧扣社会生态成本问题，从节约交易费用的角度分析农地流转过程中社会生态优化的构想。这六个模块，各自以一章的篇幅展开。

本研究的基本框架如图 1－1 所示。

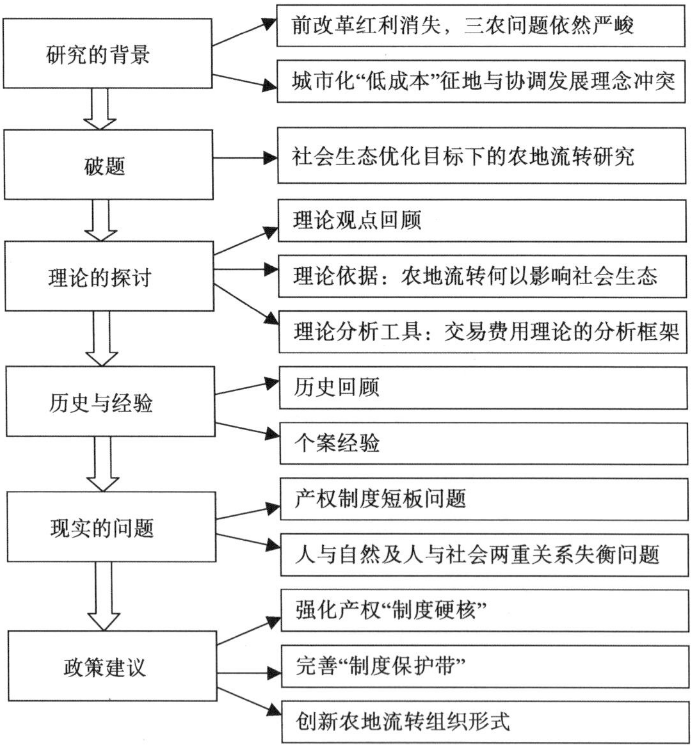

图 1－1　研究的基本框架

1.2.2 研究的思路、方法

本书总体思路是：按照“现实背景—提出问题—分析问题—解决问题”研究路径开展研究。在具体研究过程中又着眼于抓关节点的具体思路。农地流转要符合社会生态均衡法则，须涉及方方面面的问题，但在研究的过程中，必须抓住关键因素。本书着眼于三个关节点：第一，一个着眼点——人与自然、人与社会两重关系，即探讨农地流转经济活动中的社会生态均衡化的抓手这两重关系，抓住问题的“牛鼻子”；第二，一个核心点——产权及交易费用问题，将社会生态纳入到农地流转的交易成本中进行产权制度的探讨，源于一直以来经济发展方式的不可持续，关键在于经济的盈利漠视了生态成本；第三，一个目标点——提出解决问题的思路。

本研究比较鲜明的研究方法体现在以下三种。

首先，本研究采用理论分析和实践调研相结合的方法。理论分析包括理论依据及理论分析工具。但土地问题不光是理论问题，更是政策性和实践性很强的问题，决定了制度问题是个根本性问题。究竟何种政策或何种制度能够更有效益？通过调研，收集个案经验，并将其放到社会生态交易成本分析框架下进行总体分析，并做出理论和经验评价。

其次，注重学科交融。社会生态命题本身就包含着生态学、经济学、社会学等相关学科的内容，而土地本身内在地包含自然、社会等相关属性，因而要综合人文社科和自然科学交叉的研究方法，才能不至于流于片面。

再次，历史和逻辑相统一的研究法。本研究认为，唯有将视角放到一定历史阶段，才能发现事物的内在逻辑脉络，从而更好选择一种符合历史逻辑的制度设计方案。同时，在做任何决策时，都要考虑其与现实背景的适宜性（亦可理解为生态性），历史是过去的现实，当前的现实即为将来的历史。本书在论述的过程中，不仅仅从现实问题出发，还充分运用不少史料，以史为鉴，通过对于农地制度的历史回顾，以社会生态的视角对政府行为、农民行为以及相关商人行为进行逻辑分析，在把握历史逻辑的基础上，探讨未来农地流转生态适宜性问题。

最后，运用系统研究法。系统是由一些相互联系、相互制约的若干组成部分结合而成的、具有特定功能的一个有机整体。运用系统分析法来研究可避免孤立地就事论事，割裂事物之间普遍联系性之弊。社会生态本身是一个大系统，它以自然环境为基础，又由政治、经济、文化等一系列的子系统作为其要素互动形成，以系统方法考察农地流转的社会生态问题，更符合生态的整体性、协调性原则。系统论要求从输入开始，在一定结构作用下，产生一定的功能。本文还充分利用系统的结构与功能相关视角，分析诸如政府与市场在何种结构关系状态下，使农地流转更具有社会生态性功能。

1.3 重点难点及主要观点、创新与不足

1.3.1 重点、难点与主要观点

本研究关注的重点是：通过何种制度安排，可以节约农地流转交易的社会生态成本，从而使社会生态达到优化之目标。当前农地流转过程中存在的一系列影响社会生态优化的短板问题，实为农地制度及制度环境（相关的配套制度）缺陷导致过高社会生态成本之具体表现。本书分析它的制度原因，并提出制度设计建议。要克服以下难点问题：

第一，社会生态系统中各要素的生态定位问题。

如前所述，社会生态的内涵，包括人类社会系统与各环境要素之间的良性互动关系，以及人类社会内部各要素之间的关系。因而在社会生态系统中有多重关系下的多个子系统，如自然生态系统、社会文化系统、政治生态系统、经济系统等等。这些子系统在社会生态大系统的定位如何，不好精确把握，并且在不同的历史背景和不同的发展阶段下，社会生态系统中各要素在社会生态中的具体分量又会有变化。因而究竟如何去评价社会结构是否符合，或者多大程度符合生态系统法则，是一个难点问题。对此，本书不拘泥于这种关系的精确量化标准，而是从社会生态的“制度短板”及其亟待解决的“现实问题短板”出发，认为经济行为的社会生态优化目标，取决于社会关系（含人对人、人对物的关系）的“短板问题”解决程度。

第二，农地及其流转在社会生态中的地位及其外部性问题的解决。

如前所述，农地是农民生产、生活的直接依托，更是人类社会生存和发展的基础，它是人类获取太阳能作为自身能量的中转站，其生态地位自不待言。探讨此问题的难点不在于现实是怎么样，而在于人们的态度怎么样。因为生态问题的外部性，从单个的经济主体来说，投机可能是他的理性选择。但是如何在生态目标的统领下，使农地相关经济主体的局部经济效益与社会公益性要求的生态效益协调统一起来，不仅要求有合理的制度为其协调，而且这种制度设计必须放到一个制度环境下，因而是一个系统性问题。本书在从理论探讨、个案研究和现实问题探索的基础上，着重探讨了几个关系到我国社会生态和谐的重大困境问题。而有些现实困境问题，本身又可以视为社会发展过程中的交易成本之具体形态。社会生态成本往往又被忽略，很难量化并纳入到会计核算体系中，如何以社会成本计量到农地经营和流转主体的交易成本核算中，使外部性问题内部化，是一个难点。在人与自然关系领域，目前有关于计量的有关理论有生态足迹、能值等，但是在社会关系领域，以计量的标准来衡量是非常困难的。因而本书以定性的分析为主。

第三，新的符合社会生态化要求的农地流转模式制度构建。

新的符合社会生态优化目标的农地流转模式，就是能够使经济、自然环境和社会，现在与未来协调发展的模式。这种“协调”的机理是什么？是更多地靠政府还是靠市场？这要在全面梳理我国政府农地资源管理和配置历史，总结其与社会生态关联性经验教训的基础上，探讨在何种历史条件下，以何种宏观组织方式（政府组织方式还是市场组织方式）更能节约交易费用。这种历史条件是变化的，因而两者的关系也是动态变化的，要把握好并非易事。

在对上述难点问题进行思考和研究的基础上，本研究形成了以下基本观点：

第一，对农地流转的价值取向，以及一定制度及其制度环境下的交易成本的判断。本研究认为，农地流转绩效的测度，不能单纯地看其一定时期的经济效益，也不能单纯地从某一方面的公平出发，或是从某一单方面的主体效益出发去分析。而是要从人与自然、人与社会、人与人之间，以及自然与社会之间等多重关系协调均衡，即社会生态系统优化的视角分析。为了分析和研究的方便，又可将这所有的几重关系概括为两重关系，即人与自然的关系、人与社会的关系，并将农地流转的生态价值放在这两重关系的视角下审视。因而，在对制度选择与制度执行的交易费用方面的评介中，要将社会生态的损失纳入交易成本，将社会生态系统应该优化而没有优化的机会成本也纳入到交易费用中。

第二，对农地流转社会生态现状的判断。本研究认为，产权问题是农地流转的制度短板，耕地保护问题及土地二元结构问题、妇女土地权益问题等，是社会生态问题的现实短板。而这些现实问题，多是由过去发展方式不科学、制度不到位所致，即今天出现的一系列社会生态关系失衡问题，本质上是过去以土地资源配置为基础的发展方式不合理导致的交易成本。

第三，关于交易成本的“制度工具”构想。除前述将社会生态成本纳入交易费用范畴进行考察外，本研究亦将交易费用理论作为制度工具，提出通过税收等调控政策，提高或降低农地流转行为主体的交易费用，使私人成本与社会成本均衡，从而使农地流转趋向于社会生态交易费用节约的目标。

第四，关于解决问题对策选择的判断。以明晰产权为“制度硬核”，加快农地资源的合理化配置；以完善土地登记制度、农村社会保障和健全税收调节制度为“制度保护带”，实现正常的社会流动和土地增值收益的国家和农民分配均衡化；以政府与市场关系的合理定位为改革重点，形成土地主体私人经济活动与社会公益性要求相协调的机制；以经济民主为原则，形成农民土地财产权益的正常表达和全社会对包括农地在内的社会生态系统优化的多元参与机制，从而走城乡一体化发展之路。

总之，农地流转行为的价值判断应该突破唯经济标准是论的思维定式，注重社会生态效益。社会生态效益体现为人与自然（或说人与物）、人与社会（或说人与人）两重关系是否和谐；而由于制度缺位、制度选择不当、制度执行不力等原因导致的社会关系失衡问题，实为社会生态损失，应该纳入到农地流转交易的社会成本中进行评价。同时，应用交易费用作为制度工具，以调节农地流转主体的交易行为向着社会生态优化目标迈进。由此，本书认为，要突破唯经济增长是论的农地流转模式，应该考虑农地流转的交易的社会生态成本（包括不交易导致的机会成本），并在节约社会生态成本的目标下，驱动农地核心制度及相关配套制度的改革，以转变土地资源配置方式，优化社会生态。本书的核心观点是：应该将社会生态的损益纳入到农地流转的交易成本和收益进行考察，在此基础上强化产权“制度硬核”，以减少农地流转交易活动的投机性、摩擦性社会生态成本；完善农地信息登记制度、农地流转税收制度和社会保障制度等“制度保护带”，通过增减农地流转行为主体的交易成本降低农地流转的社会成本，以及减少农地流转不畅导致的社会生态机会成本。从而形成有利于社会生态优化的农地流转机制。

1.3.2 可能的创新与不足

本研究力图在以下方面有一些拓展和尝试。

第一，对已有的理论观点梳理并从社会生态的视角进行再审视，对一些错误的认识进行清理，并在此基础上引出新的思考。有关农地流转的研究，多从产权安排及其影响下的公平、效益及社会稳定的角度去分析，在环境科学领域也有涉及农地的自然生态的研究。本研究在总结已有的研究和现实做法的基础上，认为：无论是自然生态的角度出发，还是从社会公平的角度出发，或是从经济发展的角度出发，去分析农地流转的合理性，都会片面。而应该探索一条能够综合以自然资源和环境可持续利用为基础的社会关系协调发展的社会生态优化路径。

第二，以制度经济学特别是交易费用理论为分析视角，并将社会生态成本纳入交易费用范围，打破仅考察交易主体经济成本的研究惯性。农地流转问题从 20 世纪 90 年代末就成为研究的热点，众多学者从不同的角度进行探讨。因而，从农地流转这一选题来说，它似乎并不新，但是将“社会生态”的损益纳入到交易费用的范畴，是一种新的尝试。另外，力图突破以往研究多将交易费用理论作为农地流转行为分析框架，多停留在对交易双方交易行为的解释层面之不足，本研究还对将交易费用引为制度调节的工具提出制度建议。

第三，本书的研究抓住了“三点一线”。三个关键点，即一个着眼点（两重关系）、一个核心点（产权）、一个目标点（市场价格机制达成均衡），并以交易费用（成本）为主线将这些关节点串连起来，从而以一种较新的研究思路对问题进行探讨。

本书的研究还存在着以下的不足之处：

第一，农地流转社会生态优化的定量分析不足，而这也正是本研究的主要理论工具——交易费用理论本身的不足。交易费用理论属于新制度经济学范畴，新制度经济学理论本身以定性分析为主，虽然新制度经济学代表人物科斯把新古典经济学批判为“黑板经济学”，但当前学术界仍然有一种思考，就是如何引入更多的模型和实证，把新制度经济学向前推进一步。

第二，对于何种农地流转模式有利于契合自然环境、社会关系、政治形态、经济发展、文化承载等以自然环境为基础的社会生态发展，而社会生态大系统与这些子系统，以及这些子系统之间交叉的关系处于一个什么样的状态，方能达到有利于社会生态系统的均衡，本书只能做出一种相对合理性的解释。在千头万绪的复杂关系中，本书主要抽象出人与自然、人与社会两重关系，因而难免使论证偏于宏观。

2

研究的理论基础

2.1 理论观点回顾与研究新视角的切入

2.1.1 相关理论观点回顾

本研究关注的是农地流转的社会生态成本问题，因而有必要对诸如生态学及社会生态学、农地流转相关的文献进行回顾，作为本研究的基础。并在文献的评述中分析研究的盲点，找到本研究的问题切入点。

（1）社会生态系统相关问题

狭义的生态是指生物群落与自然环境之间的关系状态，将视角转换到人的主体性来说，即为人与自然环境之间的关系状态。而社会生态是从一般的狭义生态（自然生态）引申出来的概念，属于“广义生态”的范畴。鉴于人的社会性之本质，自然环境为人的社会性之依托。因而社会生态关注的是：人的一切活动及其活动环境良性互动的一体化关系。本研究关注的是农地流转的社会生态成本问题，因而对与社会生态相关的研究成果进行梳理，无疑可为本研究提供借鉴。

①关于社会生态系统内涵及特征的研究。

概而言之，学术界对于社会生态的理解，大致可归类为以下三种不同的角度。

首先，把任何生态问题都归结为社会问题。认为无论是自然环境问题，还是社会问题，如资源枯竭和环境破坏、战争、种族和性别冲突、经济领域的剥削和压迫、强权政治等等，归根结底是社会问题。持这类观点者以社会生态学的早期提出者 Murray Bookchin（1960）为代表。在 Bookchin 看来，生态危机的根源在于人与人之间的支配关系。他指出："人类支配大自然的说法，来自于人类对人类十分实在的支配。"[①] 在 Bookchin 之后，社会生态学的研究视角不断拓宽，并为社会生产生活、主体行为、政治民主与法律体系、环境以及健康等科学领域提供宏观和微观层面的借鉴。一句话，社会生态学越来越关注人类活动和其所处环境之间的关系。

其次，把社会生态系统比照自然生态系统而言相对独立的系统来研究。这种研究视角也并不是孤立于自然生态之外的，而是关注到它们之间的互动关系。李兵认为，与人类的生存和发展最直接的社会生态系统，由人的个体、群体或集团、民族或国家等关系而构成，社会生态不仅对人类现实生存质量和未来发展前景产生双重影响，而且还对人与自然关系的有效解决产生制约。在他看来，社会生态比自然生态更复杂，并且即便是人与自然的关系，也几乎可以还原为人与人之间的关系，因而社会生态有如自然生态，其平衡与否不仅关乎人类生存状况，而且关系到可持续发展[②]。在这里，体现出自然生态与社会生态各自相对独立但互动的关系。盖光（2006）认为社会生态是人类文明的晴雨表，社会生态平衡要以能够调节好社会公平正义（包括人与自然、人与社会、人与人以及代际公平正义等）的社会机制为基础，它包括一系列的指标，如生存、发展、人格、尊重、平等等；社会生态还应该是无序与有序相协调、具多样共生性特征的生存"合力"社会，因而形成生态社会"合力"的支持系统实属必要[③]。

最后，把社会生态系统当作"自然与社会一体化"系统来考量生态问题。

---

① Murray Bookchin. *The Ecology of Freedom: The Emergence and Dissolution of Hierarchy*. Oakland: AK Press, 2005: 65.

② 李兵：《社会生态问题引论》，《思想战线》，2000 年第 4 期，第 48 – 51 页。

③ 盖光：《社会生态平衡与共生性的生存"合力"》，《江汉论坛》，2009 年第 6 期。

马世骏等（1984）提出社会—经济—自然复合生态系统这一概念，复合生态系统是以人类为主体，由人类社会、经济活动和自然环境条件按照一定的结构共同组成，能够发挥生态功能的有机统一体。复合生态系统不仅包括社会、自然、经济三大各自有相对稳定的结构和功能的主系统，还包括亚系统，如社会系统，包括政治系统、文化系统等。三大系统及其组成各自的子系统之间，相互影响，相互制约，通过物质和能量的交换发生联系。因而人类主体的活动，绝不是单一目标，而是多目标①。在复合生态系统理论的视角下，虽然社会—经济—自然是“一体化”的系统，但是它们又是三者“组合”的统一，而不是由一个方面将其他两个方面统一起来。由此可知，复合生态系统理论将社会系统与经济、自然系统看作是复合生态系统中的一个相对独立的元素。叶峻（1998）则把社会生态系统当作自然生态系统进化后的高级形态，认为社会生态系统是人类社会群体与生存环境的有机结合，在一定的条件下社会物质与能量的流转的过程中形成具有多层次的复合态结构。因而社会生态系统类同于任何其他生命系统，也有其特有的系统结构与功能，以及产出与效益②。

②关于社会生态存在问题的研究。

有关社会生态存在问题的研究，多见于对于社会现实中的某一领域出现的问题导致的社会协调性障碍进行分析，也有从宏观上，用数理或计量技术对整个社会生态协调性问题进行探讨。

周晓芳（2017）运用西方比较通行的“恢复力”理论框架，从社会—生态一系列问题出发，分析人地系统的不确定性问题③。江贤英、杨正（2016）通过对城市新区的社会关系和资源配置等要素进行审视，分析了城市新区社会生态问题，并提出改善城市新区社会生态的对策与建议④。李宗桂（2012）从社会“官本位”现象出发，通过揭示官本位现象——一切向官看，以官员的是非为是非、以官场的标准为标准等现象，充斥社会各个领域和社会方方面面，使官本位的价值理念成为集体无意识，并认为社会生态遭受官本位“逆

① 马世骏、王如松：《社会—经济—自然复合生态系统》，《生态学报》，1984 年第 3 期。

② 叶峻：《社会生态系统：结构与功能分析》，《烟台大学学报》（哲学社会科学版），1998 年第 4 期。

③ 周晓芳：《从恢复力到社会生——态系统：国外研究对我国地理学的启示》，《世界地理研究》，2017 年第 4 期。

④ 江贤英、杨正：《城市新区社会生态发展面临问题与推进思路》，《学习与实践》，2016 年第 5 期。

流”之侵蚀[①]。梁平等（2007）分析了政府绩效评估存在的问题及其对社会生态环境的制约性[②]。丁宏（2008）从经济发展、社会进步和生态支持三个子系统的优化出发，采用科学发展观所要求的指标体系及其权重，对江苏省2006年经济社会协调程度进行了测评，以期找出经济发展中社会生态协调性出现的问题，并提出对策建议[③]。此外，有些文献在其主题上没有涉及社会生态问题，这些问题散见于政治学、经济学、社会学、伦理学各学科中，但我们仍可以社会生态的视角去审视这些问题，例如物质文明与精神文明关系问题、经济伦理问题、协调发展问题，再可具体到诚信问题、男女比例失调问题、大学生就业问题、城乡一体化问题、“三农”问题等等，就其本质来说，这些问题均可能归结为社会生态协调性存在的问题。

③关于社会生态应用及管理方面的研究。

社会生态的应用与管理，表现为三个层面的研究：第一，将“生态”作为方法论来研究社会管理或社会发展战略问题；第二，将生态社会当作目标来实施社会管理或是社会发展战略的改良。但是，具体来说，无论生态目标，还是生态方法，这两者又不可能是孤立的，因而，第三个层面，是将两者统一起来，在追求生态目标中结合生态的思维方法。

张静（1992）从“生态位”理论出发，以甘肃省定西市为个案，采用数理模型和多元回归分析方法，分析如何应用生态位理论研究农村社会生态系统，并探讨生态位适宜度的实现途径[④]。孙晶、王俊（2007）梳理了国外相关探讨社会—生态“恢复力”（生态系统抗干扰而保持自身结构、功能、反馈等方面的稳定性而不发生质变的能力）问题[⑤]。蔡晶晶、毛寿龙（2011）从“社会—生态系统”的复杂性，分析我国集体林权制度改革存在的一些局限性，提出不能将林权改革与社会、政治、经济、生态等其他系统孤立起来，而是要与之统一协调。继而提出要以适应农村社区治理、环境治理双重需要为目标进行治理系统改革，要更多地以多样化制度而非单一化决策为基础，即通过系统

---

① 李宗桂：《官本位“逆流”侵蚀社会生态》，《人民论坛》，2012年第10期（下）。

② 梁平、腾琦、李国栋：《社会生态环境视域下政府绩效评估的制约因素探讨》，《学术论坛》，2007年第7期。

③ 丁宏：《江苏省经济社会生态系统协调度评价研究》，《江苏商论》，2008年第8期。

④ 张静：《生态位理论在农村社会生态系统研究中的应用》，《兰州大学学报》（社会科学版），1992年第1期。

⑤ 孙晶、王俊等：《社会—生态系统恢复力研究综述》，《生态学报》，2007年第12期。

自组织、市场机制以及志愿机制等等，形成一个体现多元化和具有恢复力的森林治理系统①。田健等（2017）从社会生态的视角，分析了城镇化背景下绿心地区重构的规划策略②。孙阳等（2017）则从社会生态系统的视角，实证分析和评价了长三角地区的16个地级市的韧性状态③。

总之，有关社会生态问题，相关文献从不同的角度、不同的层面分析了其内涵和特征，探讨了社会生态存在的问题以及如何应用生态理论和方法治理社会使之达到“生态”标准。关于社会生态的内涵问题，本研究认为，虽然各有差异，但是这种差异是在不同的参照系统、不同的话语体系（语境）下的差异。其基本共识在于：首先，对当前经济发展方式的“不生态”性都有深切认识；其次，对社会生态系统优化（生态文明）是未来经济社会发展的方向都有深刻认同。最后，生态伦理被引为关注，公平正义是社会关系的核心问题，因而也是社会生态的灵魂。在新的时期，生态问题同经济、政治、文化、社会并列，被列入国家宏观政策层面的总体布局（从“四位一体”到“五位一体”）。而观点不同之处在于概念内涵界定的层面不同，而这种不同之处，丝毫不会影响本质上的一致——对于发展规律认识的深化，对可持续发展的诉求。

人类社会在土地上构建，如何利用包括农地在内的土地，使土地利用模式朝着有利于环境良好、利益均衡和社会发展的方向配置和流转，从社会生态系统优化的视角去探讨，是本研究在借鉴和吸收前人研究的基础上的新课题。

（2）农地流转相关问题

狭义的农地流转指相关主体通过市场化或非市场化的协商方式，永久、长期或短期转出或转入土地财产的全部或部分权益的经济活动，而广义的农地流转包括国家对于农地资源行使国土资源管理和规划权，从农村集体或农民手上征用土地的行为。这两种层面的农地流转，都要以权利的位移（产权主体变化）为前提。首先，有关农地流转的研究多见于农地产权制度与流转的关系

---

① 蔡晶晶、毛寿龙：《复杂“社会—生态系统”的适应性治理扩展集体林权制度改革的视野》，《农业经济问题》，2011年第6期。

② 田健、曾穗平、曾坚：《“平衡”与“共赢”——基于社会生态系统重构的绿心地区规划策略研究》，《城市规划》，2017年第11期。

③ 孙阳、张落成、姚士谋：《基于社会生态系统视角的长三角地级城市韧性度评价》，《中国人口·资源与环境》，2017年第8期。

方面；其次，针对“三农”问题越来越突出的现实，有关农地流转中的农民权益保障，即公平问题，也是一个热点话题；最后，对于农地流转的效率研究，也不在少数。有的研究不是着眼于一个问题，而是对两个（或以上）问题的相关性进行探讨。如产权与效率、产权与生态、产权与公平、公平与效率等等，但产权问题是个核心问题。除上述农地流转一般性的分析外，另有一些文献涉及农地流转交易费用理论的分析，是本研究的直接起点。

①农地非农化流转（征地）相关问题的分析。

狭义的农地流转仅指农地市场化流转或是协商式的土地权益让渡。在我国，农地非农化流转一般来说只有一个方式，那就是国家（政府）征地。因而农地非农流转基本上等同于征地。但是以国家征地的方式，将农村集体土地变为国有土地的农地非农化过程，跟一般意义上的农地流转有太大的相关性。不弄清我国征地的非农化流转现状，不可能了解我国农地市场化流转存在不足的原因。在我国，农地非农化流转的途径一般是先将农村集体所有制的土地，通过征地的方式变为国家所有制，然后通过国家垄断土地一级市场，变成城市建设用地、工业用地或商业用地。对于非农化土地城市流转，相关研究多关注于以下几个方面。

一是征地与自然资源、环境相关问题。因为农地本身自然环境和自然资源价值，因而，在农地非农化的政府征地过程中，必定会破坏农地的本来面貌，使农地资源减少，植被破坏，生物多样性锐减。而政府持久的征地冲动，使耕地减少，更会危害粮食安全。朱红波（2006）根据官方统计数据，指出近年来工业化城市化进程中，耕地资源数量和质量不断下降，大大弱化了耕地对粮食安全的保障能力①。彭小霞（2017）从农民环境权的角度，探讨了农村土地征用过程中的生态补偿方面的法律构建问题②。鉴于农地的生态价值，不少学者主张对征地对象进行生态补偿，以体现人与自然关系的平等（杨永芳、艾少伟 2007③，张术环 2008④）。

二是征地过程中农民权益问题。人们较普遍地认为，我国征地制度的缺

---

① 朱红波：《粮食安全的耕地资源保障措施研究》，《水土保持研究》，2006 年第 10 期。

② 彭小霞：《农村征地生态补偿法律机制构建研究》，《广西社会科学》，2017 年第 3 期。

③ 杨永芳、艾少伟：《生态补偿在征地补偿中的缺失及路径选择》，《中国土地科学》，2007 年第 6 期。

④ 张术环：《论和谐社会视阈下征地的生态补偿》，2008 年第 7 期。

陷，表现为公益边界不清、征地程序缺乏透明、对农民的补偿过低、安置不到位等等①。关于征地中农民权益问题，相关的研究多集中于提出农民在土地被征过程中的权利缺失问题及其解决措施。被征地农民的社会保障问题则为关注的焦点。徐济益、马晨（2017）论证了在征地补偿中，不同安置制度存在着不同利益分配的差序格局，为此，要立足于国家治理现代化，构建“套餐式”安置制度模式，以及健全公众参与与政府回应机制②。陈会广等（2009）认为，被征地农民的社会保障缺失，根源在于农民的土地权利和社会权利没有得到区分，导致农民失地的同时，附着在土地上的社会保障权利也一并流失③。而如何完善被征地农民的社会保障机制相关文献，更是举不胜举。一些关注点落在被征地农民生存状态的前后对比上。张晓玲等（2006）认为，被征地农民存在总体收入下降、就业困难、长远生计缺乏保障等生存风险，为此要完善安置机制。当然，近年随着农村新型医疗合作保险和新型养老保险的全面普及，以及非农就业机会增多甚至出现民工荒现象，这类风险事实上可能有所弱化，但低水平的保障远远没有达到消除风险的程度。鉴于土地是农民的谋生基本资料，因而关于被征地农民的社会保障问题的文献较集中。有研究者从农地发展权的角度，分析我国征地过程中的公益属性界定不清，导致农民的土地发展权受损④。黄祖辉、汪晖（2002）指出，在非公益征地过程中，应该给农民土地发展权的补偿⑤。

此外，针对我国农地征收（用）制度缺陷，导致的其他一些社会问题，如财政依赖、城市泡沫化发展、要现代化不要农民、城乡土地价格剪刀差导致的城乡二元结构问题加剧等等，也多有关注。

对于征地制度缺陷的内在原因，相关文献多集中于两个方面的分析：

---

① 刘邦凡、王宏禹、甄华英：《我国农村征地补偿制度的缺陷及其解决途径》，《经济纵横》，2009 年第 1 期。

② 徐济益、马晨：《被征地农民安置制度的困境与优化》，《华南农业大学学报》（社会科学版），2018 年第 2 期。

③ 陈会广、欧名豪、张潇琳：《被征地农民及其社会保障——文献评论与今后公共政策选择》，《中国土地科学》，2009 年第 2 期。

④ 黄天元、李伟芳、钱忆露：《浅析我国征地制度中公共利益界定与征地范围划分问题》，《经济地理》，2006 年第 9 期。

⑤ 黄祖辉、汪晖：《非公共利益性质的征地行为与土地发展权补偿》，《经济研究》，2002 年第 5 期。

一是有关我国农村土地产权主体不清的缺陷。众多的研究表明，产权主体不清会导致政府征地冲动不减，使耕地减少、资源破坏和粮食安全危机等生态问题；农民权益得不到保障，引发社会稳定问题，增大维稳成本等。温锐（2013）认为，农地制度的创新节点是“二级多元确权”，通过农民的土地财产权与国家（政府）的国土资源规划权两权制衡，达到抑制征地冲动的目的；钱忠好等（2007）经过调查和实证，得出农民不愿意土地被征的原因在于所有权变成国家的、征地补偿过低、补偿分配不规范等征地制度安排，与农民对土地产权的感知不一致①。

二是政府行政权力完全主宰，排除农民参与的征地程序问题。政府行政权力过大，在低成本征地的情况下，几乎达到随心所欲的程度。正如吴敬琏（2012）指出，如此的农地非农化使用方式，在中国农地资源高度紧张、人地矛盾本来就突出的现实情况下，造成土地资源浪费惊人、生态恶化，使经济可持续发展受到挑战，我国万元 GDP 耗用土地面积超过发达国家 10 倍以上②。而更多的文献，关注到农民在农地非农化过程中，由于缺乏博弈地位，在行政权力强制下无经济民主可言，无法律维权渠道导致上访事件不断，继而维稳成本增大。因而，工业化城市化的农地流转要探寻一种由草根民众参与的内生力量，以形成关系和谐、利益均衡的格局。对此，有学者指出用土地的农民财产权市场流转，来限制国家行政权力，优化公民与国家权力配置状态③。为限制政府的行政权力，有人提出规范征地公益属性和非公益属性④，也有人提出加强立法规范，⑤ 等等。

总之，有关农地征用（收）的非农化过程中，出现了征地导致资源环境问题、利益失衡问题、社会稳定问题等等。解决问题的相关措施在于明晰产权、完善法制、强化市场对土地资源的配置作用、尊重农民土地财产权等等。

②非征地流转相关问题的分析。

上述农地非农化的征地，可以理解为广义流转的概念。而一般所指的农地

---

① 钱忠好、肖屹、曲福田：《农民土地产权认知、土地征用意愿与征地制度改革——基于江西省鹰潭市的实证研究》，《中国农村经济》，2007 年第 1 期。

② 吴敬琏：《城市化最大的问题是效率低下》，《人民日报》，2012 年 10 月 17 日。

③ 李嵩誉：《农地非农化中农民财产权益的实现》，《郑州大学学报》，2011 年第 2 期。

④ 黄天元、李伟芳、钱忆露：《浅析我国征地制度中公共利益界定与征地范围划分问题》，《经济地理》，2006 年第 9 期。

⑤ 史为民：《我国征地补偿纠纷的法律思考》，《广西社会科学》，2008 年第 9 期。

流转，是指农地在主体之间通过市场价格机制或是平等协商机制，实现农地全部或部分产权在不同主体之间的位移。如前所述，农地流转成为打破改革红利消失的僵局、实现农地资源与人的最佳结合、使资源向更有效率（包括经济效率、社会效率和生态效率）的方向配置。这里所指并不包括征地，因为我国不是征地不足，而是征地过分，并且在相当程度上挤压了市场化农地流转的空间。甚至有的地方政府以征地的方式代替市场主体正常交易方式，以促成农地经营的规模化产业化。

如前所述，非征地农地流转是打破改革红利消失的僵局、达到人地较佳结合、实现资源配置的帕累托最优之有效方法，但是目前的农地制度障碍使农地市场化流转不畅，影响了资源的配置效率。有关非征地农地流转的研究，多集中于以下几个方面。

首先，有关农地流转（非征地）的作用和意义。对于农地流转的作用和意义，较多关注的视点在于以加快农地流转促进农业现代化问题。北京天则经济研究所“中国土地问题”课题组，通过对北京通州、山东宁阳、成都郫县（现郫都区）等地的案例分析，论证了农地流转是农业现代化的前提[①]。文雄（2011）在其博士论文中论述农地流转的原因：一是农村剩余劳动力转移之需及农地资源附着力下降；二是农民务农“比较收益”低于务工；三是农户受教育程度对政府的农地政策的影响；四是城镇化的激励机制对农地流转的影响。基于这几个原因可知，农地流转（非征地）有利于适度规模[②]。总之，对于非征地的农地流转在推动土地适度规模经营、使土地资源更佳配置，以及实现劳动力资源合理流动、优化人地结合状态等方面，已经形成共识。相关文献可谓汗牛充栋，这里不一一枚举。

其次，有关农地流转（非征地）制度及其效率方面的研究。如前文所述，产权制度是农地流转的核心制度。对于集体所有权问题，众多学者提出其弊端是产权主体不清，易形成委托代理悖论，因而要创新农地产权制度模式。许恒周（2001）提出，要赋予农民更完整的土地产权，以利于土地流转[③]。但是，鉴于我国农村土地的法律（特别是作为国家的根本大法——宪法）规定的集

---

① 北京天则经济研究所：《土地流转与农业现代化》，《管理世界》，2010 年第 7 期。

② 文雄：《农地流转促进农业适度规模经营问题研究》，湖南农业大学，2011 年。

③ 邓大才：《论承包土地流转的类型、层次和制度要求》，《济南市社会主义学院学报》，2002 年第 1 期。

体属性，许多学者采取较务实的态度，从产权约束条件或是从经营承包权方面，来探讨非征地农地流转问题。吴玲、李萌（2010）认为，在目前集体地权的前提下，国家要稳定经营承包权，以增强农地的土地权益预期和信心，并在此基础上，加快农地经营使用权流转机制建设，以解决人地矛盾问题①。除产权制度外，其他相关制度如社会保障、就业保障、法律保障、农地资源要素的组织制度等，也影响农户农地流转的意愿（罗必良、吴晨 2008）②。邓大才（2002）从完善社会保障制度的角度，分析创新农地流转制度配套问题，提出要“因地制宜，量力而行，形式多样，农民自愿”的原则，多渠道、多层次、多方式兴办各种保险，逐步使农村从土地保障功能向单纯的“个人账户”式社会保障制度转变，从而实现农村土地向正常生产要素性质回归③。而从日本经验来看，速水佑次郎、神门善久（2002）指出，20 世纪 60—70 年代日本高速增长，非农就业机会增加，但是并没有达成农业规模经营为基础的农业振兴计划，重要的原因之一在于农地由于非农转用机会，使农民预期土地被转用而获得不菲的增值，因而宁愿实行农业兼业经营而不选择将农地流转出去④。

最后，关于农地流转（非征地）现状方面的研究。2014 年之前，正因为上述制度原因，一般认为，我国农地流转不畅，农地流转市场发育不全，农民对土地的流转意愿弱，存在着诸多问题。表现在：一是从农地流转程度来说，农地流转发生率较低⑤。原因在于，有许多体制机制障碍，如土地不能抵押，土地流向村外的业主困难等等⑥。二是从流转的方式来说，主要是转包、转让和代耕代种等非正式方式居多，对于这一点，有很多相关文献都做过论述。三是从流转的程序来说，大部分不正规，口头协议多，没有履行合同、公证等法

① 吴玲、李萌：《农地承包经营权流转是破解农地制度悖论的有效路径》，《东北农业大学学报》（社会科学版），2010 年第 6 期。

② 罗必良、吴晨：《交易效率：农地承包经营权流转的新视角》，《农业技术经济》，2008 年第 2 期。

③ 邓大才：《论承包土地流转的类型、层次和制度要求》，《济南市社会主义学院学报》，2002 年第 1 期。

④ 速水佑次郎、神门善久：《农业经济论》，沈金虎等译，中国农业出版社，2003 年，第 269－288 页。

⑤ 吴晨：《广东农地流转的现状、问题与对策——基于 2007 年广东 10 市 654 户农户的调查》，《南方农村》，2008 年第 6 期。

⑥ 党国英：《新一轮“土改”：难题和方向》，《招商周刊》，2008 年 10 月 13 日。

律手续[①]。近几年，在制度相对完善，特别是土地确权、“三权分置”等新政策下，农地流转的负面问题有所改观。因而，也有学者认为，近年农地流转市场发展速度较快，也体现了较明显的“公平性”、流转多样性、规范性以及突破本集体等特征[②]。

值得一提的是，在农地规模化、农业产业化为目标的农地流转过程中，个别地方政府为了政绩，进行所谓土地改革试验，不顾实际情况，将土地集中到大户或是商业集团手中，以达成规模化之目标。对此，于建嵘（2010）认为，除了效益之外，还有一个公平的问题，甚至风险问题，这实际上侵害了农民的合法权益[③]。这种农地流转，它不是市场化的，更不是协商式的，虽然不像工业化城市化的征地一样改变农地农用的性质，但有一点与征地相同，即农民主体性缺位，因而事实上是变相征地。

③农地流转相关的交易费用理论分析。

因为交易费用理论是本书的分析工具，因而，综述交易费用理论视角的农地流转文献有其必要。交易费用理论的农地流转分析只是一种特殊的分析理论视角，它与前述内容虽然在逻辑上有内容交叉之嫌。但将以交易费用理论为分析框架的相关文献单独列出来进行综述，有利于全面叙述并切入本研究的主题。运用交易费用理论作为分析工具，研究农地流转问题的文献不多，仅有的几篇相关文献多从以下几个方面的论述。

第一，关于农地流转交易费用现状及构成的分析。邓大才（2007）认为，农地流转交易过程中的交易费用，包括农地流转过程中的交易费用以及制度安排和外界介入的成本，决定了农地流转的价格[④]。李孔岳（2009）通过实证研究发现，流转合同未公证、村干部干预农地跨村流转，增加了农户农地流转行为的不确定性，进而增加了农地流转的交易费用；实物资本、人力资本专用性对农地流转的交易费用影响有限；对农地流转交易费用有显著影响的因素是农

① 李霞、李万明：《农地流转口头协议的制度经济学分析——一个交易费用分析的框架》，《农业经济》，2011 年第 8 期。

② 郜亮亮：《中国农地流转市场的现状及完善建议》，《中州学刊》，2018 年第 2 期。

③ 于建嵘：《农村土地改革的根本出路》，《南风窗》，2010 年第 26 期。

④ 邓大才：《农地流转的交易成本与价格研究：农地流转价格的决定因素分析》，《经济问题研究》，2007 年第 9 期。

户行为、政策等方面的不确定性因素①。关艳（2011）以问卷调查的方式，以湖北武汉市部分农户为调查对象，以交易费用的视角分析农地流转的现状，并提出对策建议②。罗必良、李尚蒲（2010）以威廉姆森的交易费用为分析范式，并以广东为个案，分析认为，资产专用性（如农机投入量等）、交易频率（如是否有公证机构、中介机构支持等）、不确定性（如迁居等）对农地流转交易费用的影响显著③。

第二，关于交易费用对农地流转主体行为决策的影响。大部分的相关研究，都涉及主体的行为逻辑。陈平南（2012）认为，虽然政府有长期支持农地流转的态度，但是我国农地流转率仍然偏低，并从农地产权制度存在的问题、农地流转过程中对交易对象的搜寻、农地价格的发现、合约谈判及合约执行等四个方面探讨农地流转的交易费用问题及解决措施④。罗必良、江沙、李尚蒲（2012）通过对广东农户问卷调查，比较分析了农户的交易费用认知对农地转出的影响⑤。

第三，关于农地流转交易费用问题相关的制度设计。黄英良（2005）认为，正因为农地流转会发生信息成本、谈判订立合约的成本、监督合约执行的成本、保护缔约双方利益的成本等等，因而有必要在明确产权的前提下，为提高农地流转效率，而大力培育中介组织，充分发挥中介组织的搜集信息、组织谈判订立合约以及作为公证人的功能⑥。何一鸣、罗必良（2012）探讨了制约农地流转的外生性和内生性两类交易费用，分析了放松农地管制的方式节约内生性交易费用的制度逻辑⑦。张溪、黄少安（2017）从三权分置的新政策背景出发，结合农地流转的非正式、口头约定居多的契约形式，以交易费用理论为分析框架，利用完全信息静态博弈的研究方法，研究认为书面契约可有效解决

---

① 李孔岳：《农地专用性资产与交易的不确定性对农地流转交易费用的影响》，《管理世界》，2009 年第 3 期。

② 关艳：《农村土地流转市场交易成本经济学分析》，《经济问题》，2011 年第 4 期。

③ 罗必良、李尚蒲：《农地流转的交易费用：威廉姆森分析范式及广东的证据》，《农业经济问题》，2010 年第 12 期。

④ 陈平南：《从交易费用的角度探讨我国农地流转的困境》，《广东农业科学》，2012 年第 13 期。

⑤ 罗必良、江沙、李尚蒲：《交易费用、农户认知与农地流转——来自广东的农户问卷调查》，《农业技术经济》，2012 年第 1 期。

⑥ 黄英良：《交易成本和农地使用权流转组织形式的选择》，《理论学刊》，2005 年第 10 期。

⑦ 何一鸣、罗必良：《农地流转、交易费用与产权管制：理论范式与博弈分析》，《农村经济》，2012 年第 1 期。

农地细碎化，推动农业经营规模化①。

2.1.2 研究新视角的切入

对上述文献的梳理可以使本研究基于以下几个方面展开。

首先，明确什么是社会生态，社会生态包含了哪几重关系，这是本研究的前提之一。在本研究中，农地流转是内容，社会生态是目标、交易费用是理论框架。上述有关社会生态的学术研究，无论是从自然、社会一体化的角度理解社会生态，还是从相对独立于自然生态的社会关系出发理解社会生态，都离不开人与自然、人与社会两重关系的内容。人与自然、人与社会两重关系中，前者是后者的基础，后者反作用于前者，两者相互影响、相互渗透。因而，在综合前人研究成果的基础上，本研究主张，将社会生态目标定位为人与自然、人与社会两重关系的均衡。土地资源问题、土地环境问题等，实为人与自然（人与物）的关系之中的子关系，涉及利益关联性，并兼有社会关系属性；政治关系、经济关系等，实属于人与社会（或说人与人）之间关系；而地缘关系亦同具有两重关系属性。而在社会化大生产下，人与自然的关系又体现人与社会的关系。本研究探讨农地流转的社会生态交易成本问题，从这两重关系及其所涉及的子关系，以及各重关系的交叉关系等多重关系均衡的角度分析，但是社会关系是考量的重点，因为在社会交往日益密切，在分工、生产、交换、分配等经济关系越来越社会化的大背景下，社会关系状态甚至反过来决定着人与自然的关系。今天的自然资源和环境问题，多是人类以贪婪的欲望为原动力，在社会利益场中角逐，而又没有构建一个有效遏制这种贪欲的制度导致的社会生态成本。由此，本研究力求抓住关键点，以较多的篇幅讨论社会关系方面的生态均衡问题。

其次，以社会生态目标去审视农地流转，可明确农地流转交易中突出的问题是什么，为什么会产生这种问题。对比一直以来唯经济是论的发展诉求和发展实践，不难理解，实际上忽略的是社会生态成本，在以农地非农化为基础的工业化城市化过程中，导致土地资源浪费严重、耕地保护压力加大、社会阶层

① 张溪、黄少安：《交易费用视角下的农地流转模式与契约选择》，《东岳论丛》，2017 年第 7 期。

矛盾加剧、城乡发展严重不协调、“三农”问题成为世纪难题等等严重问题。这些问题实际上是为过去不可持续的发展方式所付出的代价，即这些问题本身是在一定发展方式主导下，在发展过程中形成的社会生态成本。本研究探讨这方面的问题，旨在向社会呼吁转变发展方式，降低农地资源配置的社会生态成本。

最后，从交易费用的角度分析农地流转，相关文献多着眼于行为主体之间的交易费用，而不容忽视的是，交易存在社会成本。土地本身就有公共属性，对于农地流转的社会负外部性成本问题，无法用交易主体之间的交易费用来解释。因而，一方面，将社会生态的损失纳入到农地流转的交易成本中进行考虑，在生态文明为全球共识的大背景下，实属必要；另一方面，以增加或降低交易双方的交易交易费用（如增减农地流转税）为手段，调节农地流转行为，从而协调私人成本和社会成本的关系，值得进一步探索。

值得一提的是，上述有关农地非农流转与一般市场化流转相关文献，虽然大多数没有直接涉及交易成本问题，但对于农地流转过程中出现的诸如环境损失、公平价值缺失、经济可持续发展受限等问题，实际上是一种社会成本，仍然给本研究一些交易成本的启发。例如前述日本农民对农地的政府非农征用的收益预期对农地规模流转造成障碍从而影响土地利用效率，是因为农民预期等待被征地机会的收益大于现期将农地流转出去的收益，而从社会来说，产生了国土资源配置优化的社会生态机会成本。又如政府征地导致的维稳成本，实为农地非农流转的社会生态（公共性）成本；农地产权主体不清下的社会投机行为，导致租值耗散，破坏农地自然资源，这实为制度不健全导致的社会生态成本。在明确这些成本的同时，也意味着存在着节约社会生态成本的制度改良探索空间。要解决诸如此类的问题，必须使个人或局部主体的交易成本大于社会的交易费用，那么农户就会选择有利于土地高效利用、社会成本降低的流转，政府主体也会在决策成本大于社会成本的前提下，选择和提供有利于公共利益的制度。因而本研究以交易费用（成本）理论为分析工具，将社会生态损益纳入到农地流转社会成本—收益的框架中，从调节行为主体（包括政府主体）交易费用与降低社会生态交易费用的角度，探讨农地相关制度改革问题。

2.2 农地及其流转影响社会生态的理论依据

从自然环境方面的“狭义生态论”来说，农地具有生态价值无可非议，并且有许多相关的著述涉及此问题；而从包括“自然生态平衡”和“社会关系和谐”一体化的“广义生态”（社会生态）的角度考察，农地具有社会生态价值。如前所述，社会生态包含两层关系状态，一是人与自然之间的关系状态，二是社会关系状态，以及社会关系系统的各个子系统之间的关系状态。农地本身是人与自然关系的纽结，是人类获得物质和能量、用于维持自身生产的基础。同时，农地还是社会关系的纽结，农地发展权相关的利益分配、农地对生产生活方式和文化的承载，均体现了一定的社会关系。城市是农村的“寄生虫”，农地甚至还反映城乡关系这一宏观的社会关系。在农地流转即农地资源的重新配过程中无疑会打乱和重构这些关系。为此，考察农地及其流转对于社会生态系统的地位或影响，可从人与自然、人与社会这两重关系入手，以生态环境、社会关系理论（如资源配置关系、政治治理关系、利益分配关系等等）为其理论依据。

2.2.1 农地的自然资源属性与自然生态环境理论

欲考查农地流转的自然生态损益问题，必须先考查农地本身所具有的自然生态价值。有关农地自然生态价值的研究，在农业生态经济领域和环境科学领域文献较多，并且农地的自然生态价值已为学界共识。对于农地的（自然）生态价值及核算问题，国外学界首先关注，有学者尝试着设计相关的核算方法。我国学者借鉴一些国外的理论和技术成果，从应用层面，对我国农地的生态价值进行评估。R Costanza（康斯坦萨）（1997）从合理生态系统服务功能的角度，提出了包括农林水体在内的自然资产的生态服务价值核算体系①。William Rees 和他的学生 Mathis Wackernagel（1992，1996）提出用“生态足迹”指标度量可持续发展状况的方法。用人类所消费的资源、能源和生产生活垃圾折算成消耗的耕地、林地、水体等面积，来考虑资源环境的承载力②。在 William Rees 等看来，农地可作为类似于货币的自然生态价值尺度。杜斌等（2004）将生态足迹核算方法运用到城市生态核算，以考察城市生态承载力③。张燕等（2008）认为，应该将与生态环境效益相对应的价值纳入到耕地非农化流转的成本中，由此也就有必要测算耕地的生态环境价值，并指出生态价值测算的两种模式：其一，直接用他人研究生态系统所得生态环境价值数据（异地数据），估算待研究区当地耕地的生态环境价值；其二，根据田块的当地实际监测值，用一定的模式计算当地耕地的生态环境价值④。吴振发（2004）从地景生态学角度，用美国农业部的 LEAS 评估方法，通过融合农地生产、生活和生态观念和偏好，以我国台湾兰阳平原为个案，对农地流转的适宜性进行实证分析⑤。刘鸣达等（2008）对农田生态系统服务功能相关研究进展做综述，提出了农田生态服务功能的特点，并把农田的功能分为生产、生态和生活三种，认为目前农田生态评估不足，今后要从农田生态服务的微观形成机制入手，完善农田生态系统服务功能的价值评估理论和方法，为合理利用开发和管理农田资源，使农业可持续发展提供理论依据和技术支持⑥。

不仅要从自然环境的角度考察农地的自然生态价值，还要从自然资源稀缺性及其再生困难方面考量其自然生态价值。农地过度非农化，在建设中易被重金属污染，且固化后还原困难；而对森林、草场、湖泊等农地的不当开发，还可能导致水土流失，这会造成土地资源的破坏，继而影响粮食和其他农产品的

---

① Costanza R, d'Arge R, de Groot R, Farber S, Grasso M, Hannon B, Limburg K, Naeem S, O'Neill RV, Paruelo J, Raskin RG, Sutton P. The value of the world's ecosystem services and natural capital. Nature, 1997, 387: 253 - 260.

② William Rees and Mathis Wackernagel. Urban ecological foot prints: Why Cities Cannot Be Sustainable - And Why They Are a Key to Sustainability [J]. Environmental Impact Assessment Review, 1996, 16 (4 ~ 6): 223 - 248.

③ 杜斌等：《城市生态足迹计算方法的设计与案例》，《清华大学学报·自然科学版》，2004 年第 9 期。

④ 张燕、张洪、彭补拙：《我国耕地价值研究现状概述》，《土壤》，2008 年第 1 期。

⑤ 吴振发：《农地转用方案之地景生态效益评估》，《经济法制论丛》，2004 年。

⑥ 刘鸣达等：《农田生态系统服务功能研究新进展》，《生态环境》，2008 年第 2 期。

供给安全，削弱农地对人类社会的自然承载力。总之，明确农地本身具有自然生态价值，是考察农地在流转过程中的生态损益的前提。相关研究多着眼于农地非农化流转过程，行为人应该对社会进行生态补偿。上述相关研究成果，无疑可以为农地流转或是农地非农化使用，提供可资参照的生态成本评估，以及在评估生态价值的基础上，调节行为者主体对农地流转的行为。但生态成本过高时，可以选择不流转，从而使农地流转行为有利于生态保护和优化。但理论归理论，目前我国对农地生态价值评的实践操作如何呢？很多的研究仅仅停留在“应该”的层面，现实中农地流转过程中，农地自然环境价值损益大多没有以价格支付的方式体现出来。

无论是自然环境价值还是自然资源的稀缺性价值，在经济规划中都没有很好地体现出来，原因在于：环境外部性问题不好解决，需要政府牵头，在合理的制度（如模拟市场制度）框架下科学决策；而作为自然资源的土地，价格不能反映真实价值，因而其稀缺性无法反映出来。“生态”就其普遍性来说，还没有进入到政府对农地使用成本的核算账本，没有作为交易成本的因素考虑。正因为如此，产权主体不清下的机会主义导致农地过度利用、过度非农化等等一系列问题。不仅破坏了农地景观，也使农地作为太阳能的中转站的传输链条变得越来越脆弱了，其突出的表现是粮食安全、土地不当使用导致的生产率下降等问题。这在很大程度上来说，是以经济人理性为出发点，以（眼前的）经济效益为价值取向的行为决策的结果。尽管如此，也有相关学者乃至政府相关部门尝试着将这些价值量化出来，进行征地过程中的成本核算（见表 2－1）。

表 2－1　　各类农地生态环境评价表

	功能	林地	牧草地	耕地		园地
				水田	旱地	
大气	组成改善	9.08	7.40	7.20	6.50	6.30
	大气净化	8.55	5.33	6.10	5.80	6.58
	气候缓和	9.28	4.90	6.20	5.40	6.46
	防噪声	8.75	3.70	4.10	4.00	5.83
水	洪水防控	9.56	6.30	7.80	5.80	5.60
	水源涵养	9.48	6.20	7.40	5.30	5.00
	水质净化	8.65	6.43	7.30	6.70	5.83

续表

	功能	林地	牧草地	耕地		园地
				水田	旱地	
土壤	防止表面侵蚀	8.85	7.73	8.75	5.30	6.78
	防止地面下沉	7.70	6.20	8.05	5.25	6.10
	污染物净化	8.13	7.40	8.00	8.10	6.30
空间	防止发生灾害	8.75	7.60	7.90	7.30	7.98
	维持景观	8.45	7.93	7.40	7.00	7.75
生物	生物相的保护	8.83	5.10	4.90	4.60	5.00

注：此表根据1998年对农业环境质量评价测量结果做出。10为极大，7.5为较大，5为中等，2.5为较小。

资料来源：毛永文：《生态环境的影响价值评估》。

值得一提的是，农地的自然资源和环境价值呈动态性，其对人的效用因农地的总量变化（稀缺程度变化）、具体地域、一个地方的经济发展水平（相对效用差异）等等因素不同而各异。因而无论何种测评的价值指标，都只是相对的标准，随着优质环境和优质农地资源的稀缺程度而变化。从一些测评体系看，虽然不尽科学，但仍然对于农地流转的生态价值评估有参照意义。用指标去测评农地流转的生态价值损益，虽然未必最优，但最少是次优选择。否则，在理论上已经很清楚的东西因为缺乏可操作性可能变成纸上谈兵。

2.2.2 农地的生产要素属性与社会关系理论

威廉·配第指出，土地是财富之母。土地作为人类生存的基础，它不仅是农业基本生产要素，而且是一切社会的基础，它维系着人类社会的生存和发展。同时农地也反映了一种政治关系（社会关系的亚关系）。从我国传统社会的土地制度史来说，国家和农民发生联系，如赋税关系等，往往以土地为纽带。

第一，从农地经济社会承载基础地位分析。首先，农地是承载农业社会生产方式的物质基础。人们的衣食住行离不开农业生产，而农业生产离不开土地。因而，农地是农业最基本的生产要素。而农业生产以一种什么样的方式进行，使用什么样的生产工具和技术，如何组织生产，农民之间在生产过程中如何形成交往和协作关系，何种关系才能更恰到好处、符合社会“生态协调性”，这些都与农地资源配置方及其制度有关。其次，农地是承载农村社会生活方式和文化形态的基础。我国法律规定，凡是农村集体所有的土地皆为农地，不仅包括农业生产用地，还包括宅基地、农村公共领地（极少数由法律规定属于国家所有的除外）。由此观之，农地不仅是农业生产承载体，也是农村社会的承载体，是农民生产生活的场所。俗话说，一方水土养一方人，我国地形复杂，气候多变，形成了多样化的农业生产种类和特色。与此相联系，在我国源远流长的农业文明史中，形成了多样化的地域文化特色，如地方饮食文化、地方戏曲文化（生产生活的艺术反映）等等。最后，农地是维系城市生存和发展的基础。农地上的生产经营活动不仅为城市工商业生产提供工业原料等物质基础，而且是城市消费的基本物质来源。甚至有人描述“城市是农村的寄生虫”。总之，农地是一切经济社会发展的物质基础。

第二，从农地资源配置状态所反映的社会利益分配关系来说。首先是城乡关系，即农地非农化的城乡利益格局关系，如当前我国城乡二元结构问题，很大程度上是因为在工业化城市化战略下农村土地发展权受限制；其次是农地国家主体与农民主体之间的关系，如取消农业税之前与取消农业税之后的差别，反映了土地产出在国家与农民之间分配关系的改变；再次是村集体、农民以及大资本涉入后，农民、集体和资本主体之间的关系问题；最后是农地开发、农地保护过程中当代人与子孙后代之间的代际利益分配关系问题。

正因为农地承载着社会关系甚至社会本身，那么农地流转反映人们以农地为中介的经济交往关系，并且派生出社会利益格局变化。首先，农地非农化流转特别是国家追加投资后的农地城市化，无疑会对区域以及相关个体的利益关系产生影响；其次，即使是市场方式、协商方式的农地流转，由于占有的信息不对称，资本的不对等，亦会存在利益关系上的平等诉求问题。农地流转机制完善，使农地流转畅通，有利于社会职业的分化，更适应社会化大生产以分工为特征的社会大关系之和谐。

2.2.3 农地流转对社会生态的影响

如前所述，社会生态包含着两重关系：一是人与自然的关系，二是人与社会的关系。前者是后者的基础。因而，考察农地流转对社会生态的影响，可以从考察这两重关系及其子关系、交叉关系入手。农地作为人类社会的物质基础，在其流转过程中，必定会触动这些关系，从而影响社会生态。农地流转过程中，实为农地资源重新配置的过程，这种配置，从经济学意义来说，是为了使农地资源流向更适应经营它的主体。从个人来说，无论是流出方还是流入方，目的是增加经济效益；而从国家和社会来说，应该使社会资源配置更有效，这种效益不仅仅是短期的经济效益，还包括社会效益和生态效益。农地流转的生态绩效，就是要协调两重关系，不破坏环境，更好地利用自然资源，力争个人效益和社会效益、当前效益和长远效益的统一。

首先，要考查农地非农化的流转对社会生态的影响。在我国，农地非农化通过政府征地实现。政府以行政权力为后盾，为工业化、城市化以及基础建设之需，将农村集体所有的农地转化为国家所有的土地，然后由国家垄断土地一级市场。如前所述，农地本身具有自然生态价值，在农地非农化的征地过程中，必定会直接导致农地田园景观流失，影响生物多样化以及气候；从农地作为自然资源的属性来说，农地非农化流转还可能导致农地资源流失，影响粮食安全等风险。而从社会关系来说，在工业化城市化过程中，会导致利益格局的重新洗牌。一些人可能在此过程中变成暴发户，另外一些人可能成为边缘人，甚至拉大城乡差距和地区差距，导致社会关系失调。原因在于，城市化进程是以农地非农化为基础的，在此过程中，国家注入的资金等，使地价产生级差升级。土地由于大量地吸附资金以及其他人力和物质资本，建立在土地升值基础上的利益格局分布出现落差。此过程中，如果农村和农民没有参与土地升值部分的分配，以社会生态的视角观之，则会拉大城乡和阶层差距，从而导致社会生态失衡。

但是，并不等于农地非农化流转就不必要。社会生态的关键是“适宜性”。社会生态不仅仅是指自然环境的美好状态，还有社会发展过程中的经济社会和环境综合平衡。没有物质条件的富足，讲生态环境美好，其实也是“不”生态的。人类社会生态良好其实是指人类的综合效用最大化和长久化（可持续），并且这种效用的主观感受具有适时性，它随着物质基础和历史条件的改变而改变。例如，一名饥寒交迫的乞丐绝对不会有心情去欣赏美妙的田园风光；而一名富人可能会花更多的钱，买一个生活并不是很方便的，地方比较偏僻的别墅，以享受更好的生态环境。这就是物质条件不同，效用对于人之不同。从这个角度看，则要考虑究竟何种程度的农地非农化，才能实现农地保护与工业化城市化发展相对均衡，即何种程度的农地非农化才是适宜的；还要考虑究竟以何种方式推进农地非农化流转，才能实现利益均衡，保障社会稳定，关键要考虑是行政权力完全主宰，还是政府制度供给完善的前提下农民参与博弈的市场化流转，更切合“生态适宜性”。

其次，从一般意义的农地流转，即农用方面的市场化流转或是协商式流转（非征地的流转）来说，考察农地流转的社会生态绩效问题，就是要考虑农地流转机制是否能保证流转畅通。如前所述，农地流转的绩效，体现在农地与经营主体的最佳结合状态，没有良好的制度配套，如产权不清、社保不全、税收制度不完善等等，最终会导致农地不流转或农民不愿意将土地流转出去。这不利于土地的配置优化和农村劳动力的正常分流，从这个意义来说，农地流转存在制度障碍，实际上不利于生态优化，意味着增大了生态优化的机会成本。

在农地不改变农用属性，在农户之间以代种租种等方式进行的短期性流转，似乎对于社会生态状况的影响不大。但是，如果考虑了劳动力城乡流动或是职业流动等情况，那么这种方式的流转可以把有更好出路的农民从土地的束缚中解放出来，因而这能够利好于社会生态。但是，这种流转的方式往往由于制度没到位，长期化的流转机制遭受产权制度障碍，农民除土地以外其他保障不足等原因造成的。这种流转模式仍然无法改变农地细碎化状态，无法充分使农地资源配置更优。因而，这种流转模式并没有促成有利于产业升级和农业结构调整的机会。

规模扩张式的农地流转，可能有利于农业产业化、集约化发展，有利于技术推广，有利于追加投资和完善配套设施。从这个意义来说，会朝着有利于社会生态方面的路径发展。但同时也有一定的社会生态风险，如大农业企业采用不可预知后果的新技术，如转基因（尽管转基因存有争议）、农药残留等生产方式，以及垄断价格等等，从而引起不预知的自然环境和社会风险；甚至有的农业大户消极生产，积极骗取国家补贴，其规模效益在正常条件下可能边际为负，但是加上国家补贴的因素，仍有边际利润。以一种钻政策空子的机会主义态度，对待农业生产。

总体来说，发展方式的不可持续性导致土地资源枯竭、环境恶化等现象愈来愈突出；土地发展权分配不公，缺乏农民主体性参与的征地，成为社会不稳定的重要因素。换言之，农地不当使用的资源环境问题，以及涉及土地有关的利益分配失衡，是目前影响经济社会可持续发展的重要障碍。因而考查农地流转的生态保护和生态优化状况，要着重从土地资源、环境保护和利益均衡的角度加以判断。

总之，在明确社会生态的内涵为“建立在人与自然关系基础上的社会关系状态”这一前提下，鉴于农地本身的资源环境属性以及社会关系属性，考察农地流转对社生态系统的影响，可从农地流转对人与自然、人与社会关系的影响出发。尽管社会生态系统是复杂系统，是生物界最高级的系统，但这样理解可以使复杂问题简单化。因为人的认知能力是非常有限的，可从宏观层次出发，先抓住“牛鼻子”，然后层层推进，才有可能使认识更科学（见图2－1）。

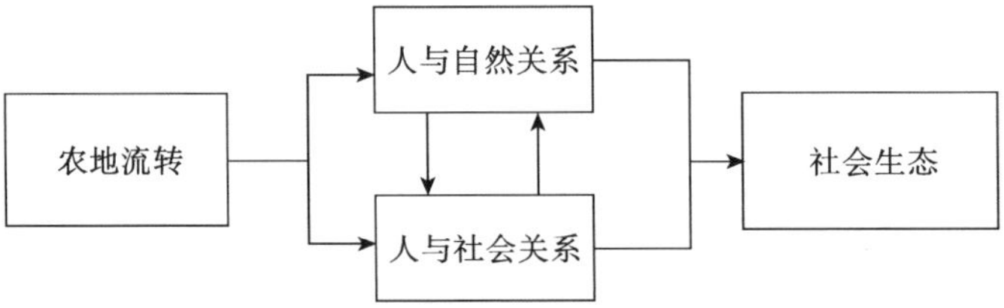

图2－1　农地流转与社会生态的关系机理

2.3　理论工具：交易费用（成本）的分析框架

如前所述，从现有的相关研究看，以交易费用理论为分析框架分析农地流转问题，多着眼于交易双方的交易成本如何影响交易行为，以及如何节约双方的交易成本等问题进行解释和探讨。首先，拓宽研究的视角，从社会效益的宏观目标出发，将农地流转交易的外部性社会成本当作交易成本实属必要。其次，交易费用不仅应该是一种解释工具，还可以是一种调节工具。通过制度设定，调节农地流转交易主体行为的成本，使有的交易（如投机的交易或社会生态成本过高的交易）不发生，有的交易（符合帕累托最优的交易）速度加快，是改革的有益思路。本研究致力于从这两个方面尝试，从而探讨如何使农地流转的行为选择符合社会生态优化目标。

2.3.1 交易费用（成本）理论概述

制度学派对新古典经济学更好地继承和批判，其背景是第二次世界大战后资本主义世界经历了较长时期的繁荣后，到20世纪70年代经济陷入停滞状态。基于对此的反思，一批经济学家开始以经济学的视角研究制度问题。在诺斯（Douglass C. North）看来，新古典经济学把永远未被证实的假设，来解释一切令人感兴趣的问题。在这种假定的情境里，信息成本、交易费用和不确定性都不存在，那是一个没有交易摩擦的世界。而事实上，这样的条件从来不存在[①]。诺斯对于新古典经济学的批判，无疑受科斯定律中关于“交易成本”为零假设的启发。而把制度因素作为变量，解释经济增长，诺斯堪为其代表。

康芒斯（John Rogers Commons，1934）把“交易”作为人类经济活动的最基本单位，即人类经济活动被抽象为经济关系的本质。而类似于“交易”等旧制度经济学的一些范畴，被新制度经济学所继承。近年来，新制度经济学越来越受青睐，原因还在于新古典经济学无法把握和解释现实发展特别是发展中国家（如中国）的重大经济改革问题。1937年，著名经济学家罗纳德·科斯（Ronald Cosas）在《企业的性质》一文中，从企业和市场资源配置的替代性角度，分析企业采取的组织方式不同在于交易费用（成本），此为提出交易费用理论。既然价格机制可以自发地引导资源配置向良性发展，那么就没有企业存在的必要性了。科斯得出结论：以企业组织分工形式代替市场组织分工形式，无非是为了节约交易费用，但是这并不意味着企业的组织形式就不发生交易费用，而是将交易从外部转向以管理运作为形式的企业内部，其交易费用则变成企业管理协调的成本。因此可假定企业的明显特点——作为价格机制的替代物[②]。在科斯看来，交易不可能不存在成本，只要交易费用不为零，产权制度就显得有必要性。继科斯后，威廉姆森（Oliver Eaton Williamson）又将“交易”定位为制度经济学的最基本的分析范畴，并进一步将“交易”分为三种基本类型：买卖的、平等的、上下级之间的命令和服从关系。威廉姆森还将交

① ［美］道格拉斯·C. 诺斯：《经济史中的结构与变迁》，上海三联书店，1991年，第7页。

② R. H. Coase. The Nature of the Firm [J]. *Economica* New Series, Vol. 4, No. 16 (Nov., 1937), 386 – 405.

易费用分为事前的交易费用和事后的交易费用。威廉姆森（1979）还从契约的不完全性出发，认为机会主义是交易费用理论的核心概念。因而，市场缔约方式的选择可以防止当事人的机会主义①。

新制度经济学融合了政府（国家）与市场因素理解经济活动，认为无论是“政府命令”还是市场，无论是企业组织还是市场的组织形式，最终目的是减少交易摩擦，节约交易费用（科斯等）。新制度经济学认为最大的制度供给者是国家（国家与政府在很大程度是同义），诺斯指出：“理解制度结构的两个主要基石是国家理论和产权理论。”②

经济学意义上的交易本质是产权的让渡，因而产权明晰是减少交易摩擦，节约交易费用的前提。科斯定律说明，只有在交易费用为零的前提下，没有政府和其他组织因素，仅通过市场就可以使资源配置达到帕累托最优，但事实上交易费用不可能为零，因而，经济活动的效率，取决于产权是否清晰合理界定。农地具有公共资源属性，同时又具有农民财产权属性。作为公共资源，其产权主体无疑是公众，并且一般落实到理论上作为公众代理的政府。而作为农民的私人财产（这一点已经由物权法作为“用益物权”得到确立），其产权主体无疑应该是农民。究竟农地以何种产权安排的方式更有效率，这种效率的主体又是谁，即方便谁达到经济活动的目的（如方便地方政府管理还是有利于社会公平等等，其对应的主体是不同的），这一点制度经济学特别是产权理论、交易费用理论有相关的依据可资参考。

本书的研究与生态有关，生态系统无疑是复杂的系统，这就要求：一方面，为了经济活动主体能够行动一致，有强制性执行的规则和秩序，即在特定的情境下，强制性制度变迁有其必要；另一方面，复杂系统下的复杂关系，要求一种内生式的规则和秩序，要求在演化过程中达到规则和秩序的合理化，诱致性的制度实属必要。因而，在制度变迁模式选择上，强制性制度变迁和诱致性制度变迁应该在动态中相互结合。这样，一方面可以防止强制性的制度变迁的力量导致经济主体的利益失衡，增大交易的信息成本，但不利于社会生态良性关系的构建；另一方面可以防止缓慢演化导致错过生态治理或是生态优化的

① Oliver E. Williamson. Transaction - Cost Economics: The Governance of Contractual Relations [J]. Journal of Law and Economics, Vol. 22, No. 2 (Oct., 1979), pp. 233 - 261.

② ［美］道格拉斯·C. 诺斯：《经济史中的结构与变迁》，上海三联书店，1991 年，第 17 页。

时机，加大社会生态关系构建的交易时间和机会成本。

2.3.2 农地流转与社会生态成本

当前经济发展的可持续性障碍已广为关注，由此，转变经济发展方式、实现产业结构升级等等，成为广为讨论的热点话题。然而，要抓住问题的症结，还应该回到“坚实的土地”上，应该从土地资源作为经济增长的基础性地位去理解，因为土地的使用，在功能划分、产业准入的审批等等方面，均是第一环节。在我国，农业以外的产业用地，都是通过农地非农化流转实现的，因而关注农地流转（包括非农化流转）问题，是关注社会生态问题的基础。这里不仅仅涉及农地要不要流转的问题，而且涉及农地在何种基本制度下的流转、通过何种组织方式流转（例如政府还是市场，政府主体、集体主体还是农民主体等）更能节约社会生态恶化导致的公共成本。将社会生态作为农地流转交易的成本来考察，就是要探讨通过何种制度的安排，可以使农地流转过程中，更大程度避免自然环境恶化的成本和社会关系摩擦的成本。

而当前突出的问题在于，在评价经济活动中，往往以经济增长本身可量化标准判断经济行动的得失，而社会生态的损失，则很少计入活动的成本。本研究力图打破这种思维惯例，将社会生态的损失引入农地流转的交易费用（成本）进行重新审视。农地流转的经济活动，也符合一般经济活动的规律，为此，在经济活动的普遍性意义上考察社会生态问题，也有助于理解农地流转交易的社会生态成本问题。科斯在其《社会成本问题》所探讨的，主要是经济主体的经济活动对他人或社会产生的影响，如何通过产权界定，特别是初始权利的界定，使交易成本最小化，从而实现经济收益最大化，即实现帕累托最优的问题①。而人类自工业文明以来，生态环境的破坏作加速运动，实为经济活动的社会成本问题。换言之，可以理解实为经济主体与其行为的环境（包括自然环境和社会环境）之间的关系问题。社会生态目标是公益性的价值目标，在主体经济活动中，无疑应该将生态的绩效或者是生态的损失纳入到交易收益或是成本中；而社会生态涉及人的生存状态问题，所以又可理解为人与其环境（不仅仅是自然环境，还包括社会环境）的和谐状态。从这个意义来说，新制

① ［美］科斯、阿钦等：《财产权利与制度变迁》，上海人民出版社，1994年，第3－58页。

度经济学在人与人之间的交往过程中，做出了诸多有关交易成本的论述，可以为农地流转行为过程中相关主体关系优化（减少摩擦成本），以及为生态管理方面提供另外的理解角度和新的解决问题思路。

社会生态系统是广义的生态系统，可比照一般意义（狭义）的生态系统的特征来理解。一般意义的生态系统作为动态的、开放的系统，表现在生物与非生物之间、不同的生物群落之间，甚至生物同类之间的复杂联系与互动关系，它的平衡取决于各种自然力之间相互作用的“合力”。从这个意义来说，生态系统是复杂系统，必须从整体出发、从系统与环境、系统与要素、要素与要素之间的关系出发，去思考生态系统平衡的问题。人类探索自然和社会规律，研究生态系统，必定要从人的主体性活动出发，因而着眼于人的主体性的生态系统实为社会生态系统。而人的活动又是社会性活动，是以自然环境为依托，建立在社会分工为基础的社会交往的基础上。因而，以人类为本位的生态问题，实质上是着眼于人的生存状态的探讨，这就内在地包含了由人与自然、人与社会（包括未来社会）之间的关系处理方式所决定的人类经济社会发展的可持续问题。但是，人对效用的无限追求与自然资源环境的容量的有限性存在着矛盾，人与人（社会）交往过程中相互之间在利益分配方面也会有摩擦，这些矛盾和摩擦，会外化为社会交易成本。一直以来粗放式、杀鸡取卵式的经济增长方式，导致资源枯竭危机、利益失调危机、社会稳定危机、环境污染危机等等，这些危机实为经济交往活动中社会生态成本之具体形态。这种成本是人与自然、人与社会（如利益分配、当前利益与长远利益、局部利益与整体利益）关系失衡的重要因素。例如，北京等地居民在享受资源集中优势下的经济发展带来的社会福利时，又遭受雾霾、沙尘暴以及交通拥挤，此即为经济增长的社会生态交易成本（实为人的健康成本和时间成本）。这些严峻的问题，成为可持续发展的瓶颈，是未来发展机会的阻碍因素，形成未来发展的机会成本。因而，社会生态成本以交易费用理论解释，一方面可视为经济发展过程中，人类在生存福利方面（当然不仅仅指经济福利，还包括健康福利、行为的自由度、时间的无效率耗费等其他方面福利）带来的损失成本，另一方面是可持续发展受阻造成的机会成本。

交易费用理论是制度经济学的范畴，制度经济学与古典经济学、新古典经济学的不同之处，在于将经济行为放到社会整体中去考察。它不仅关注经济活动的本身，更关注经济活动的外围环境（如法规、习俗、意识形态、组织方式等等）。而社会生态问题，不仅仅是经济可持续发展的基础问题，而且是人的生存状态问题，良好的社会生态本身便可理解为一种福利。如果土地流转导致田园景观缺失、生物多样性锐减、人际关系紧张（人与人之间互相设防是要成本的）等等，无疑就是人类福利的损失，是一种经济活动的社会成本。在理解了社会生态损失作为经济发展过程中的交易费用的合理性解释基础上，以交易费用理论分析农地流转的社会生态问题，只是一般与特殊的关系。前述关于农地流转与自然环境生态、农地流转与社会关系关联性问题，即农地及其流转与社会生态的关联性，可判断一切有损于这两重关系协调性或对社会生态造成损害，影响到人类的福利和可持续性发展的农地流转行为，均会产生农地流转的社会生态交易成本。土地资源产权安排、农地流转的组织方式、外围制度环境状况等差异，会产生不同的社会生态交易成本。而突出的社会生态问题是征地有关的非农流转所关联的问题，包括自然资源环境问题以及附在土地上的利益分配问题等。这影响到人类生态环境和生存质量及自然、社会条件约束下的可持续发展，关联着社会诸多的问题。以人的生存条件恶化、人们的生存质量下降、政府维持政权的成本增加、可持续发展的机会丧失等方式体现着社会生态成本。

3

农地流转社会生态成本的制度分析

3.1 制度与交易的社会生态成本关系概述

所谓制度，有多种意思，在英文的词汇种，也有不同的词汇，如 instution、system、regular 等。而一般地，在制度经济学家看来，制度的内涵也比较宽泛，不仅有规则、秩序、组织等含义，还包括意识形态、风俗习惯等意义。从类型来说，包括正式制度与非正式制度（明规则与潜规则）。从制度的结构和层次来说，包括规范经济活动的制度体系本身、经济活动的组织形式等等。制度经济学将交易作为经济活动的基本单位，交易会产生交易成本，无疑，不同的交易制度安排，会形成不同的交易成本，不同的交易费用，会影响制度的变迁，诱致制度改良。这一点，新制度学派已经有成熟的研究（如科斯的企业与市场的替代关系）。

制度本身的制定和实施也并不是免费的。这不仅包括制度制订本身的成本，也包括制度实施过程中的交易成本，亦包括制度的维护成本。例如，目前的小产权房，是以村集体土地所有制的政策背景下，在农民集体土地上建立起来的房屋，处于灰色地带，是一个牵扯到很多人利益，而又悬而不决、亟待解决的社会问题，许多利益相关者乃至相关研究者，均认为小产权房应该合法化①，并对于党的十八届三中全会出台相关政策抱有很高的期望。然而，政策并没有像一些人预期的那样发生变化。此问题没有解决，会导致一些诸如小产权房上市以及拆迁补偿等社会问题。但换言之，将小产权房合法化，它伤的是现存的土地制度；如果将小产权房宣布为非法建筑，并采取拆除等相关行动，牵扯面太大并影响到乡镇基层政府或村集体决策层，势必产生巨大的维稳成本。对比之下，由于没有明朗化导致的社会成本之损失，可能小于破坏现有制度的严肃性导致的成本。从这个意义来说，没有明确小产权房制度定位的损失实为现行土地制度的维护的成本。

农地流转制度，从制度体系本身来说，其核心是产权制度，这源于交易的实质实为产权的让渡。此外，有关农地流转税收制度和社会保障制度、农地流转的组织形式（政府还是市场等等）、文化传统（如婚嫁女随夫居的习俗）和意识形态（如社会主义的生产资料公有制观念）等外围制度环境，对农地流转发生的可能性、农地流转相关主体的关系摩擦程度、流转的方式和速度等等均产生重要作用，影响着人地的结合状态以及自然环境和社会关系，即发生交易的社会生态成本不同。因而从交易费用的角度探讨农地流转制度与社会生态的关系，是制度选择的依据。本章着重从制度的核心、制度的环境和制度的宏观组织方式探讨农地流转交易的社会生态费用问题。

土地资源是一种自然资源，从农地流转的宏观组织方式来说，理顺政府与市场的关系是包括土地资源在内的资源配置问题的关键。是政府还是市场起决定性作用，或是说政府因素多点还是市场因素多点，关键看何者更能节约社会成本，带来更大的制度收益。从社会生态成本考量，当前我国土地流转的市场能力不足，特别是在农地非农化过程中，实行低成本城市化为目标的征地制度，因为它排除了市场博弈的可能性，难免会产生权力租金代替市场租金的现象，形成腐败的成本以及有损公正的成本，增加社会消耗。而公正（包括同代公正和代际公正）是社会的价值体系，是社会生态的核心，它内在地包含着人类社会在参与资源利用和分配过程中的均衡关系，并由此涉及可持续发展的问题。

---

① 如北京天则所研究人员相关文章和课题报告，持小产权房应该合法化的观点。如盛洪所作一幅对联可形象地表明其态度。上联是：产权不分大小，一定保护，下联是：市场岂有亲疏，地无二价，横批是：土地制度改革。参见天则所官方网站：http：//www. unirule. org. cn/index. php？ c = article&id = 1114。

总之，将交易成本理论引入到制度中，探讨何种制度安排更能节约农地流转交易的社会生态成本，从而可以为制度的改革提供合理性的理论依据。

3.2 制度核心——产权与社会生态交易成本

3.2.1 产权与交易费用（成本）理论分析

产权是主体对物的所有、占有、支配、使用、收益和处置权益的法律保障的排他性权益。产权是一系列可以分割和转让的权益集合，是物权的法律表现形式。正因为产权制度具有对主体经济活动的激励、约束功能和合理资源配置及协调关系的功能，所以不仅法学界从法权关系的角度探讨产权合理化安排的理论问题和现实问题，经济学界更是形成了一个以科斯、威廉姆森、巴泽尔等“产权”分析范式为核心的制度学派。

法学中的产权是指受法律保护的主体对物的排他性权利，亦可理解为经济关系的法律表现形式。经济学的产权虽然与法学的产权有交叉的内容，但是经济学的产权远比法学的产权意义要丰富得多。这些权益一般地由法律予以保障，但特殊情况下，即使没有法律为其保障，由于存在着事实的占有和支配权，也是一种产权的事实内容，如我国小产权房业主对房子的事实占有和支配权。而最为关键的是，产权作为一种制度形态，它还是稳定经济预期、调节经济行为、规范经济主体关系、激励经济效率的工具；市场交易本质上是产权的让渡，因而产权本身又是交易本身的内容。科斯定律的前提，是假设交易费用为零的情况下，就没有必要界定产权，交易可以达到均衡。而现实中这种情况是不存在的，正因为如此，在科斯看来，产权界定就有必要了。由此，产权成为制度经济学中的核心范畴，它不仅仅是指人与物之间的关系，其反映的更是人与人之间的关系。是人与物之间的关系规范下，体现人的经济行为与他人之间的关系，如果破坏这种关系，意味着行为主体可能将为此付出代价。

产权实为交易内容、产权与交易费用的关联性，可以从以下几点得到体现：一是交易费用是产权界定的依据，对于产权的讨论只是在存在交易成本的前提下才有讨论的必要（科斯）。二是虽然产权不可能被完全界定，但只有在产权界定相对清晰的条件下，才可以尽可能避免更多的权利被置于公共领域而形成无序争夺，导致交易成本过高（巴泽尔）或是说租值耗散（张五常）。三是当对于产权界定的交易成本大于收益时，产权界定就不可能发生，例如对于自然资源，如空气、水或公共产品产权的界定。

有关通过何种产权制度设计更能激发效率的问题，其本质上是通过何种产权设计，使资源更充分利用，即节约交易费用。相关的研究，虽然大多没有直接涉及交易费用问题，但实际上又内在地包含了交易费用问题。一些研究集中在如何通过产权的设置，将经济活动的外部性问题内部化。例如河流生态补偿问题，将河流上游的排放权的标准设定好，通过下游给上游补偿，以使下游获得更优质的水源，即为节约上下游的摩擦成本以及信息不对称下的投机成本而进行初始设定。节约交易费用的农地产权制度改革相关典型例子是，我国家庭联产承包责任制，本质上是使土地等生产资料由抽象的集体所有、集体经营转变为私人事实上的占有（虽然仍然保持抽象的集体所有），并由私人经营。这种通过改变产权结构的制度改革，大大节约了劳动力的无效率消耗，节约了信息不对称下人人都选择偷懒导致的交易费用。

3.2.2 农地公私之争与社会生态交易成本

自20世纪90年代以来至今，农地产权制度都是个热点问题被广泛关注。农地作为主权国家主权范围内的自然资源，有着公共性和自然属性；同时它又是一种资产，有着社会属性，兼有与经营主体相关联的私有财产属性。因而，表现出公益与私益、国家主权与私人财产权等一系列的权益交织状态，容易引学者探讨的兴趣，也容易导致相关观点的差异。

毫无疑问，在交易费用为零的世界里，理论上来说农地的私人产权与集体产权或国家产权几乎差不多，集体或国家中的私人类似于股份制企业的股民，个体的权益可以平均分摊给个人，国家的权益可以平均分摊给个人。但是，正因为所有权与实际控制权相分离，存在着代理成本、不同个人偏好产生的摩擦成本等等，于是就有了农地产权“姓公”好还是“姓私”好的争论。

（1）观点分歧：“姓公”与“姓私”之争

在2014年“三权分置”的政策确立之前，有关农地产权制度安排问题众说纷纭，这些观点主要集中于农地“姓公”（国家或集体所有）还是“姓私”（农民所有）问题。

一是认为私有产权更有效率，因而主张农地私有，理由是私有产权主体责任最为清晰，与市场资源配置规律联系更紧密，能够通过市场机制使农地资源流向效率最高的地方，以及私有产权可以增加农地投资激励，并且通过有利于市场机制的私有产权约束政府，形成有利于作为弱势群体的农民的保障机制，从而有也有利于公平。秦晖（2007）认为，强制性的集体所有制形式，存在着集体成员能不能退出，能带着什么东西退出的问题。而农地产权归农后，农民自己可以选择任何一种组织形式，甚至可以选择集体的组织形式[①]。文贯中（2006）则从农民土地私有权缺失的弊端出发，认为正因为农民没有法律上的土地所有权，农民没有退出集体的的权利，无论是农民集体，还是作为个体的农民，都没有参与到工业化城市化发展过程，无法分享土地作为资本所带来的发展和增殖收益[②]。此外，茅于轼、盛洪等天则所研究人员也基本主张农地私有。茅于轼（2013）认为，我国土地不能自由买卖，导致土地资源浪费、农民贫穷、房价畸高[③]。盛洪则主张主权下的土地私有产权，认为将有关土地的权利分为主权（领土）和私有土地产权也许是一个好的制度结构[④]。

二是从公平出发，或是从社会稳定出发，主张坚持和完善农地国家或集体所有，理由是：可以防止资本绑架农业，剥削农民，将农民沦为无产者，成为资本的附庸；或者说从全局（如粮食安全等）出发，认为农村土地不能轻言入市。李昌平（2008，2011）认为，集体所有制下的有益制度探索，能够增加农民收益，而私有化并不是必然增加农民的土地资本收益，反而要警惕资本家和权力所有者获得土地资本化的收益[⑤]；土地私有化对中国的粮食安全不利，因而它是不可持续的，未来改革的方向是使集体所有制更巩固[⑥]。温铁军

---

① 秦晖：《农民地权六论》，《社会科学论坛》，2007年第5期上。

② 文贯中：《土地制度必须允许农民有退出自由》，《社会观察》，2008年第11期。

③ 茅于轼：《资源配置创造财富》，《中关村》，2013年第1期。

④ 盛洪：《为什么要研究土地制度》，《南方周末》，2012年5月31日（F31）。

⑤ 李昌平：《尊重农民的实践和选择权》，《南风窗》，2008年第22期。

⑥ 李昌平：《粮食安全问题的化解之道——关于中国农业制度的思考》，《探索与争鸣》，2011年第5期。

(2008) 认为，如果用西方私有化+市场化模式来解决中国的三农问题，会导致耕者无其田的社会动乱以及城市贫民窟化，只要实现土地所有权（政府与村集体同权）与使用权（开发商与农户同利）“同权同利”才能合理维护农民与村社的利益①。陈锡文（2008）认为，必须完善土地集体所有制和家庭承包经营制，但要解决三大相关法律问题：首先是国家和集体两种土地所有制的边界；其次是改变农地所有权的依据和程序；最后是集体经济组织的成员权界定问题。而问题的关键是要对土地用途进行严格管制②。

三是主张国家和农民二级所有或者是复合所有，理由在于一方面可以避免集体主体不清，在征地和管理中，使农民主体性缺失而利益受损，同时国家行使规划权，实现国家规划权和农民所有权的两权制衡。温锐（1996，2012）指出，虽然中国经济改革不断深入，但我国现行农地仍处于产权主体错位、缺失，权益模糊不清状态，学界与社会广泛关注的如何对农地产权进行制创新的观点存在诸多分歧，因此必须打破一些共同或相似的认识障碍——漠视农地本应该属于农民的事实，澄清将明晰农地产权与国家监控、规模经营与两极分化、社会保障相对立的错误③。必须凝聚共识，形成由国家的资源发展权和农民的实际占有权以及农地家庭经营、入股、可转让等多元化经营和组织形式的“二级多元确权”④。党国英（2008）主张将可耕地等农地确权到具体的农民所有，但他认为，世界上不存在绝对的私有产权，政府规划权实际上是政府基于公共属性对土地产权的分割。正因为没有确权到农的法律依据，政府会滥用权力，以公权侵犯私权⑤。

（2）分歧原因：多重矛盾纠结下的认识差异

上述三种不同的观点之分歧，有其历史和现实原因。首先，从宪法和意识形态来说，我国是社会主义国家，对于社会主义的认识，经过改革开放，社会主义可以有商品经济和市场，在经济制度上允许多种所有制形式并存，这一点已成共识并且已成现实。但是，《中华人民共和国宪法》在其第六条明文规

① 温铁军：《新农村建设的重点与土地私有化的理论逻辑——缓解三农问题的道路之辨》，《绿叶》，2008年第11期。

② “专访中农办主任陈锡文”，http://www.caijing.com.cn/2008-10-13/110019834.html。

③ 温锐：《农村土地产权制度创新的认识障碍》，《福建师范大学学报》，2006年第2期。

④ 温锐：《农地产权制度改革的历史纠结、共识与创新节点》，《经济学动态》，2013年第4期。

⑤ 党国英：《深化土地制度改革不可久拖不决》，《国土资源》，2008年第1期。

定："中华人民共和国的社会主义经济制度的基础是生产资料的社会主义公有制，即全民所有制和劳动群众集体所有制。"土地有资产属性，并且以现在的市价衡量，是最大的一宗资产，在不少人的认识层面，土地谈私有化，那等于是从根子上与社会主义根本经济制度相冲突，因而土地产权制度安排的理论观点与政策实践，无疑会在根本大法的基本诉求框架之内，并且受社会主义"公有制主体地位"的意识形态影响，或者在制度安排和观点构建上有这方面的考量。而相反，主张包括农地在内的土地私有，从经济学上的主体的经济人理性出发，可以形成产权激励，培育市场主体，实现权益和责任相统一。但是，那无疑又是在违背宪法，动摇社会主义基本经济制度。

其次，观点分歧的原因在于看问题的角度不同。有的从农业适度规模的流转效率出发提出产权制度如何安排；有的从现代化城市化的效率（如工业化城市化的赶超战略）出发，分析农地制度的产权安排的合理性逻辑；还有的从经济活动的生态外部性问题内部化观点出发，去探讨产权制度合理性安排问题；更多的是从农民权益出发，探讨农地产权制度的公平价值问题。就农民权益维护的共同主张来说，对这种农民权益的保障的实现途径看法也不一致，差异在于究竟是公有产权制度还是私有产权制度更能保障农民利益（如文贯中与李昌平的分歧）。

党的十八届三中全会以后，特别是"三权分置"政策更为明朗，有关农地"姓公""姓私"的争议，转变为在"三权分置"制度框架下产权结构如何完善。张毅等（2016）论述了"三权分置"制度下农地产权重构问题[①]。李宁等（2017）从农地产权结构细分的角度分析了三权分置改革命题[②]。

（3）观点再审视：社会生态目标下的交易成本分析

上述有关农地产权制度安排，研究的出发点可以归结为公平与效率问题。效率意味着社会发展速度，公平正义是社会的核心价值之一，因而公平与效率本质上是社会生态合理化的应有之义。然而，公平是有歧义的，看对谁的公平，即公平的主体是谁，是国家、集体还是农民，有不同的指向；效率也是相对的，是国家的效率还是农民的效率，研究的出发点不同，观点也各有差异。

① 张毅、张红、毕宝德：《农地的"三权分置"及改革问题：政策轨迹、文本分析与产权重构》，《中国软科学》，2016年第3期。

② 李宁、张然、仇童伟、王舒娟：《农地产权变迁中的结构细分与"三权分置"改革》，《经济学家》，2017年第1期。

因而，自始至终都存在着公平与效率、公权与私权、法权与经济权，甚至现代化的目标与意识形态等多重纠结，长期以来在“姓公”“姓私”的争论中，难以突破理论认识障碍。为此，必须理清头绪，以经济社会发展一体化的社会生态整体视角重新审视产权制度的效率，从节约交易费用的角度理解何种产权制度更有利于社会生态优化的效率。

农地产权制度安排，是公有好还是私有好，是不是有第三种安排方式，可以做交易费用的分析。这不仅要考察经济主体双方为本位的交易费用问题，更要从社会本位出发，去理解产权及其执行的成本，将重心放在社会生态方面的损益方面，即将社会生态的损失纳入交易成本进行考察。当然，私人的交易费用的节约与其交易的社会成本有可能发生冲突，但其理想的状态是私人的交易成本的节约应该与社会交易成本的节约目标相一致。

毫无疑问，如果将农地产权制度安排为私有，那么以社会生态视之，不难发现相对于农地公有制（包括集体所有制），能够降低的社会生态交易费用为：首先，私人产权更容易促进农地市场化流转机制的畅通，减少政策不确定性带来的风险成本；其次，私人能够为自己负起风险责任，减少政府承担无限责任造成的角色错位成本；再次，由私人产权条件下的私人决策，一般更适应市场的需求，可减少由政府决策的主观性导致的诸如资源分配城乡和地区不均衡（因为土地有吸附资本的能力）的社会冲突成本，以及产能过剩、城市泡沫化等资源浪费等成本；最后，由于市场以价格机制为杠杆，在更多地排除行政权力的决策过程中，更能体现经济民主，货币是经济民主的“选票”，经济民主本身是社会生态合理性的内在要求之一。但是，农地私有可能导致的问题在于：私人的逐利本性，决定了政府需要更大的管制成本；私人个体的分散性，使国家（政府）征地过程中提高谈判成本；由于土地集中导致的土地消化劳动力的能力下降，加之社保不全，由此产生社会风险之成本；当前我国宪法规定的生产资料公有制主体地位的基本经济制度诉求（社会主义意识形态的要求）的打破，陷入理论困境带来的成本；等等。但要考虑的是如何在充分认识两者的优劣性的基础上，进行产权制度改良，以节约农地流转交易的社会生态成本。只有产权制度改良的预期收益大于预期成本，产权制度的改革才有可能发生。但这里要探讨的是涉及社会生态的社会成本和社会会收益问题，而不仅仅是决策者或决策层的成本收益问题。目前的问题是要打破“方便”政府管理的农地产权制度形成的路径依赖，解决公权的负外部性问题，同时又要政府不缺位，以防止另外一个极端——私权负外部性突出。

3.3 制度环境与农地流转交易社会生态成本

制度是系统性的，不能就某一制度来谈制度的绩效。如果说农地产权制度是农地制度的核心，那么其他相关配套制度形成制度环境，只有在良好的制度环境下，才能充分发挥核心制度的绩效，从而降低交易费用。

首先，土地登记制度是农地流转节约管理交易费用的前提条件，计算机网络技术的成熟，已经为包括土地占有者信息、土地面积、方位、用途、变更历史等相关的土地详细信息登记提供了技术上的可能性。土地登记信息可作为农地流转过程中产权保护的依据，亦可作为农地非农化流转纳税的依据，甚至作为保护耕地的有效手段，它可以有效地减少农地流转过程中的违约行为（类似于房产，一旦通过交易登记过户就意味着易主），减少交易双方的交易风险成本以及社会资源由于投机（如非法农转非）导致的农地资源破坏之社会成本。

其次，一体化的社会保障制度是农地产权制度在农地流转过程中得以发挥作用的条件之一。如前所述，农地流转本质上是产权的让渡。从理论上说，农地只有通过市场化流转，在讨价还价中才能形成合理的价格。但是，市场流转的过程中，如果社会保障不全，农民不能享受基本的社会保障，那么即便是将土地所有权界定为农民私有，不想种田的农民因为对未来保障没有乐观预期，也可能宁愿将土地撂荒也不进行土地交易，或者说不进行正式的“绝卖”交易。这样，势必无法通过农地流转，形成适度规模经营以及农村劳动力正常流动，错失人地最佳结合状态演化的时机，从而形成土地资源以及劳动力资源合理有效利用的障碍，增加社会生态优化的机会成本。

最后，农地税收制度是农地市场化流转的前提条件。一方面，由于级差地租的不同，土地属性不同，土地价格之差有天壤之别，土地出让收益的再分配，应该通过合理的土地流转税进行有效调节；另一方面，税收制度也是通过调节交易费用而调节农地流转行为的有效工具。通过农地非农化的高税收政策，可以设置更高的交易成本，从而使交易主体选择不流转或少流转；对于非农地农用流转，在耕地紧张的背景下，可以设置为负税收（国家补贴），从而使资源配置通过市场工具的规制手段，达到相对均衡。这样做的好处在于，它真正体现了资源配置的市场决定作用，大大减少政府行政权力过多的主观裁定而造成的决策后果不确定的社会风险成本，以及消耗在权力租金上的社会成本。

此外，一些村规民约、农村出嫁女“从夫居”的文化传统等等，这些非正式制度往往会与国家政策和法律法规相冲突，增大了农村土地收益分配的社会摩擦、影响社会公平（如男女不平等造成的性别冲突成本），甚至影响农民的生育观，增加农村计划生育政策实施的社会成本。这就要求进行宣传，以形成良好的产权流转制度大环境。当然，制度环境远不止这几个方面的内容，在此仅仅择其突出者而诉之。

3.4 政府组织、市场组织与农地流转社会生态成本

土地既是自然资源，又是生产要素，同时兼有财产属性。党的十七大报告提出要发挥市场在资源配置中的基础性作用；党的十八届三中全会审议通过的《中共中央关于全面深化改革若干重大问题的决定》，更是提出“经济体制改革是全面深化改革的重点，核心问题是处理好政府和市场的关系，使市场在资源配置中起决定性作用和更好发挥政府作用”。政府与市场作为农地资源配置的两种不同组织形式，它们之间应该是根据不同时代环境条件，有不同的侧重。并不是非此即彼，而是存在交叉关系、互补关系甚至互为条件。新制度经济学代表人物科斯的“市场代企业”“企业代市场”，目的是节约交易费用的观点，从某种层面来说，政府其实类同于企业，属于资源配置的两种组织形式。由此观之，政府与市场也存在着替代关系。究竟政府职能与市场职能谁在更大程度上替代谁，关键看什么情况下更能节约社会成本。并且，这种替代关系也并不是免费的，在两者的博弈过程中重构新的秩序，需要产生摩擦的成本。从不同的角度理解政府与市场在农地流转中的关系，从而对比两者之间在不同时代的消长关系及其对农地流转社会生态成本的影响，对于改革再出发的合理路径选择有重要意义。

3.4.1 政府职能问题

康芒斯从资源的稀缺性出发，指出："只有稀少的东西（实际稀少或是预料会稀少），人们才缺乏和向往。因为它们是稀少的，它们的取得就应由集体行动加以管理，集体行动规定财产和自由的权利与义务，否则就会产生无政府状态。"康芒斯从法院仲裁案件来分析，发现法院判决从利益冲突开始，而冲突的利益又具有互相依存性；然后由最高权力机构——最高法院或者劳动和商事仲裁法庭——做出判决，渐次从利益冲突的协调中产生秩序[①]。因而，康芒斯认为，交易的冲突，交易双方利益的依存性，是集体行动的逻辑。因而，在康芒斯那里，社会关系包括冲突、依存和秩序。这种形成秩序的仲裁，无疑是一种公共权力，公权机构便是仲裁机构，即政府。从这个意义来说，在社会生态协调问题上，政府从公益出发，充分利用其公共职能，协调经济活动中人与自然、人与社会关系的社会生态均衡。以交易费用理论观之，无政府主义导致的无序状态，无疑会导致交易费用无穷大。政府职能在减少机会主义、无序竞争等交易的社会成本等方面，无疑具有不可替代的作用。

（1）对农地的规制及其生态外部性的协调处理

规（管）制，是指国家（政府）利用政策法律法规和行政手段，对经济活动进行直接干预，以克服经济活动外部性问题。在自然资源和环境领域，由于市场无序竞争易导致"公地悲剧"，往往是国家管制的重要对象，而农地又是自然资源之一，国家（政府）通过法律或行政手段，对于农地交易和使用属性进行规定和调控，以进行农地保护和国土总体规划，便于土地资源的优化组合。我国人多地少，人地矛盾突出是基本国情。在当前农地特别是耕地资源紧张的前提下，保护耕地是政府对农地流转进行规制的基本内容。表现为：严密防守18亿亩耕地红线；对农地功能区划分；为公益事业对农地进行征用、禁止农地抛荒；等等。然而，从我国当前的现实来看，令人匪夷所思的是，似乎出现另一种现象，越是政府管制，私人土地主体越是没有权益，这样反而出现耕地保护危机。这里须从理论上澄清的是，这不是政府对农地管制之错，而在于管制不到位，表现为相关法规不完善，违法成本太低，执法不严。

---

① 康芒斯：《制度经济学（上）》，丁树生译，商务印书馆，1997年，第9-13页。

所谓经济活动的外部性，是指经济活动中，个人成本与社会成本不对等。负外部性是指个人（局部）的成本小于社会的成本；正外部性是个人（局部）的成本大于社会成本。农地流转的经济行为发生的动机，是主体通过资源产权的让渡，使交易各方效率实现最大化。然而，个人经济效率最大化并不意味着社会效益就能够达到最大化，农地流转存在外部性问题不容忽视。如前所述，农地本身具有自然环境价值、社会经济价值和文化承载价值，在各种形式的农地流转过程中，处理不当可能会使这些价值流失（实为社会成本），即存在私人活动带来私人效益而由外界分摊成本的情况。例如，农地城市化的非农流转，在土地增值的过程中，相关主体各自获得土地发展权的收益，但是对于社会公众来说，则丧失了田园景观、损害了生物多样性，减少了维系粮食安全的耕地存量。在非农化过程中土地开发对周边水土壤和水体产生污染，其后果是以两重关系恶化的形式表现为社会生态成本，由社会公众承担。地方政府及局部地域也存在经济活动外部性问题，在个别的地方，通过招商引资，在地方GDP大竞赛中，大搞开发区、工业园区建设。尽管是低效利用土地，但比之于处于弱质地位的农业特别是种植业，往往更能在一定时期内促进当地的经济发展。这样，地方通过吸附资本的方式获得一定的经济发展，甚至在农地资源紧张的情况下，取得了以大大高于农业效益的工商业为主导的地方分工格局；而高排放、资源浪费、农地保护压力加大等社会成本问题，则由全社会来承担。这是典型的经济活动外部性问题。地方政府应该通过行政干预或是法律法规等手段，努力使私人（局部）边际成本 = 私人（局部）边际收益 = 社会边际成本 = 社会边际收益。通过税收、罚款、直接的行政干预、补偿、奖励等方式，解决正负外部性问题，从而在农地规划、使用和流转的过程中趋向于保护和优化自然环境良好和社会关系协调的社会生态。

（2）搭建农地合理流转的制度平台

在康芒斯看来，因为经济活动会产生冲突，冲突又产生对秩序的需要，这就需要仲裁。政府无疑是这种仲裁机构，而相关的制度无疑是实行仲裁的规则。政府的重要职能是为经济社会提供制度，从理论上来说，政府是公益的代表，是公共事务和公共服务的牵头者。制度的提供应该基于现实需要，其创造者应该是各经济主体。由各个经济主体在经济活动中催生制度需求，而后由政府认可并形成正式制度。如果缺乏制度和规范，不仅影响农地正常流转，而且易产生纠纷，助长人们的投机行为从而导致社会成本增大。在农地流转问题上，政府根据市场规律，充分尊重市场主体的积极性和创造性，提供必要的规则和秩序并守候这种规则和秩序，是其本职所在。

如前所述，农地流转的核心是产权制度，并且在一定的制度配套（制度环境）下才能更好地保障土地健康有序流转，而这些制度的提供者是政府。首先，产权制度必须由政府通过法律法规手段界定，并由法律赋予排他性的权利，为这种权利的转让提供秩序，避免无序争夺而增加交易成本。其次，一系列的相关配套制度，为交易提供了制度环境，减少交易双方的交易风险成本，从而加速了资源的优化配置，优化了社会生态环境。例如，在完备的社会保障前提下，农民不需要土地保障，从而在有其他谋生手段的前提下，敢于将土地能够流转出去而无后顾之忧。这一方面增加了土地资源的优化配置，另一方面也促进了劳动力合理流动，实则社会生态得到优化。

（3）调节农地发展权收益的均衡分配

农地发展权是农地产权范畴里的应有之义，可以把它归于产权束里的一个子集，亦可理解为产权派生的权利。既然属产权范畴，那么它的界定，离不开政府；鉴于政府承担着调节收入再分配的内在职能，在农地发展权分配问题上，政府责无旁贷。但无论是我国城乡差距，还是阶层差距，很大程度上源于土地发展权收益的不公。因此，在城乡一体化战略和构建和谐社会的时代主题下，农地发展权的合理分配及其政府的职责，是一个迫切要求深入探讨的问题。

农地发展权有广义和狭义之分。广义的农地发展权是指农地增值的收益权；狭义的农地发展权仅指农地非农化过程中，由于级差变化所带来的土地增殖收益权。有关农地发展权问题，最先来自于国外相关理论，国内相关研究还处在起步阶段。但随着我国工业化城市化进程的加快，在农地非农化过程中，对于农地发展权收益（增值收益）分配的不平衡现状，也引起了国内相关研究者的关注。这些关注点主要集中在：第一，对农地发展权如何分配的相关理论分析。革命先行者孙中山的主张是由国家核定基准地价，涨价后归公①。当然，这种主张在代表公益的政府是一个理想的组织，能够通过转移支付实现国民福利均衡化的假设前提下才有其公正性和效率。但事实上政府也是理性组织，在信息不对称下很难达到理想化。张霞等（2010）认为，农地发展权应该由国家、集体经济组织与农民共同所有，为此，要通过经济补偿、职业培训

① 孙中山：《孙中山选集》，人民出版社，1981 年，第 838 页。

等方式，对征地失地农民进行土地发展权的分配[①]。而从政策实施的现实来看，有些地方正是这样做的，如土地换社保等。关注点应该在于政府给农民的补偿与土地增值的比例是否合理。第二，对我国农地发展权现状及存在问题的分析。刘祚祥、黄权国（2008）认为，我国农地发展权是由农民、村集体与政府长期博弈形成的均衡解，因而农地发展权合约是既有约束条件下利益各方理性选择的结果[②]。然而，在集体所有制的产权安排下，弱势的农民无法平等参与博弈，因而这种结果未必是均衡的。也有文献指出，相关立法缺乏明确的规定导致农地发展权分配不合理以及农民农地发展权事实上的缺失（丁德昌，2010、[③] 沈志远，2011[④]）；黄祖辉、汪晖（2002）指出，土地分类控制也是对农民土地发展权的约束，加之农民的组织成本高、信息被动等因素，增加了农民争取农地发展权的难度[⑤]；文贯中（2006）则认为，农民在集体产权下，没有法律上的土地所有权，并且农民无退出集体的自由，导致农民集体和个体均没有分享因工业化城市化发展带来的土地发展和增殖收益[⑥]。总之，相关文献分析了农地发展权是什么，农地发展权如何分配，农地发展权在我国政策实践中存在的问题，等等。

相关文献表明，我国农地发展权分配的现状，体现了国家（政府）与农民的关系，农地发展权分配存在的问题及其根源，都与政府行为有关。而与土地有关的炒房投机，又是贫富差距的重要方面。总之，无论是从法律法规的明确性角度诉求农地发展权合理分配问题，还是从历史和现实政策看，有关农地发展权分配合理化的问题，均离不开政府通过放权、税收制度及法律法规制度的完善等方式解决。今天的城乡二元结构以及贫富差距问题，成为我国现代化的瓶颈问题，使经济社会可持续发展遭遇障碍，很大程度是土地发展权在城乡和经济主体之间分配不公所导致的社会成本。而这个问题不解决，未来发展的

① 张霞等：《我国农地发展权的流转机制及农民分享实现》，《西南大学学报》（增刊），2010年5月。

② 刘祚祥、黄权国：《公共领域、农地产权与农民的土地发展权分享》，《甘肃行政学院学报》，2008年第2期。

③ 丁德昌：《我国农地发展权的立法创设及对耕地的保护》，《内蒙古农业大学学报》（社会科学版），2010年第3期。

④ 沈志远：《我国农地发展权制度的缺失、成因及其构建》，《经济论坛》，2011年第5期。

⑤ 黄祖辉、汪辉：《非公共利益的征地行为与土地发展权补偿》，《经济研究》，2002年第5期。

⑥ 文贯中：《土地制度必须允许农民有退出自由》，《社会观察》，2008年第11期。

社会摩擦成本会更大。

总之，一方面，政府通过直接的农地规制，完善相关制度以及通过协调处理农地使用和流转过程中的外部性问题，保护自然资源，均衡利益关系，实现人与自然、人与社会关系的优化，因而利好于交易的环境，使交易的社会成本节约，从而优化社会生态。另一方面，政府提供的制度不完善，政府不作为（缺位）或不当作为（越位），会加剧耕地流失，使利益分配失衡，使社会可持续发展的交易成本增大，从而恶化社会生态。

3.4.2 市场定位问题

如前所述，我国农地所有制在法律上规定为农村集体所有，正因为如此，有关农地流转是否存在市场化（即农地能不能入市）问题，广为争议。主张农地私有化的观点认为农地应该入市，而主张坚持和完善农地集体所有的观点认为，农地应该慎言入市。李昌平认为私有化前提下的农地入市，易导致资本、权力获得土地资本化不当收益之社会风险①；温铁军认为，西方私有化 + 市场化模式不能解决中国三农问题，反而会导致耕者无其田的社会动乱以及城市贫民窟化②。然而，众多的观点并不是简单地反对农地市场化流转问题，而是担心在制度不到位（如社会保障等）的前提下农地市场化对社会稳定的风险。而比较务实的理解是：在集体所有制的农地基本制度下，农地市场化流转的内容未必要定位为所有权，经营承包权或者说使用权的市场流转也可通过市场交易。前提是如果使用权得到尊重，甚至财产化，那么这种流转的内容实际上也是具体的。道理很简单，在国家制度比较完善、实行功能管制的前提下，即使把土地所有权界定给农民，这种所有权也不是具体的，倒不如将使用权等同于财产权界定给农民。因而本书不拘泥于土地所有权的集体归属来探讨农地流转的市场问题。

（1）发挥农民主体性地位，诱致制度变迁

当前我国的农地资源的集体所有制安排，削弱了农民经营农地的主体性。

① 李昌平：《尊重农民的实践和选择权》，《南风窗》，2008 年第 22 期。

② 温铁军：《新农村建设的重点与土地私有化的理论逻辑——缓解三农问题的道路之辨》，《绿叶》，2008 年第 11 期。

这样安排似乎有利于政府在工业化城市化进程中的低成本征地，从而降低同单个农民谈判所需要的更大的交易成本。随着民众经济民主意识的高涨，这种城市增长方式越来越不可持续，由土地纠纷导致的维稳成本越来越高。

市场的基本原则是公平竞争，建立在市场机制基础上的农地流转，可以更好地发挥农民的主体性，使农民参与农地流转的谈判，从而实现农地价值在农地流转主体之间的均衡化，最大限度地减少农地纠纷。以平等的市场主体性交易为基础，催生制度需求，形成诱致性制度变迁，从而使农地流转制度更适应于生态均衡化原则。如20世纪80年代初开始实行的家庭联产承包责任制，是建立在农民自发分田单干的基础上，其内在地包含了类似于市场的激励机制，由顶层确认并推广的诱致性变迁。同时，在农民土地市场主体性地位的条件下，农民通过讨价还价的谈判，抬高农地价格，这样，农民的损失成本将纳入到征地成本中，从而更真实地反映征地的社会成本。从而，对于交易费用过高的征地行为，可以选择不征，以此改变农地资源配置方式，保护土地资源，并转变城市发展方式（见图3-1）。

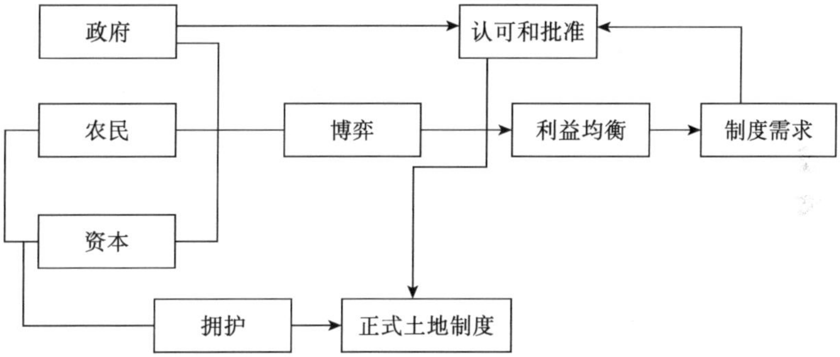

图3-1 政府、农民和资本主体互动式的诱致性制度变迁

（2）优化人地结合方式，提高人、地资源双重效率

市场化的农地流转方式，可以使需要种地的人通过市场获得土地，可以使不适应种地或是希望转行做其他职业的农民，将土地流转出去，更好地实现人地结合，更有效地促进劳动力流动，从而实现土地和人力资源的更佳配置效率。打破了以往在各级政府完全控制下，以区域经济发展价值为单一目标的取向，有利于向人与土地资源各得其所的社会生态式目标演进。如前所述，当前，我国农地产权主体不清，政府在土地资源配置方面权力过大，排除了农民

的主体参与性，挤压了农地流转市场，使农地资源配置不能反映真实的供求信息，扭曲了农地及其非农化流转的价格。而实行市场化的流转，还可以通过市场发现合理的价格信号。长期以来，我国城市化的历史表明，城乡差距、贫富差距拉大，是因为没有一个市场均衡机制，使农村和农地主体（农民）获得合理的价格补偿。

（3）平衡各方利益关系，使社会更趋于稳定

如前所述，农民主体性地位，是农民自己争取自己应得利益的前提。历史表明，任何依赖政府或其他精英去“代表”农民或是其他草根民众利益，都不一定靠谱。农民对于取消市场的“一平二调”记忆犹新。而对于涉农商人或是土地开发商，曾一度地苦于办事难，寻租的成本不仅仅表现为货币财富的支出，还表现为坐牢的风险。唯有通过完善的市场，才是实现经济民主的前提。无论是农民、涉农商人还是政府，都能在市场平台上找到自己的行为边界。市场及其配套制度，如纳税制、市场竞争规则等等，不仅是经济主体施展经济才能的条件，而且是实现利益博弈达到平衡的条件。尽管市场竞争中也存在着不公平，如竞争地位先天的不平等，竞争中的主体各自的社会资本不一样等等，但是经济活动程序的公平、市场地位是不可替代的。由此可见，在规则和秩序完善为前提的市场机制下，农地流转的市场化方式，更有利于各方利益均衡和社会稳定。

3.4.3 基于社会生态成本的政府与市场动态关系

如前所述，农地流转问题上，政府与市场职能并不是非此即彼，而是因时、因事、因势变化而变化。在履行政府职能时，同时发挥市场的作用；在市场发挥作用时，离不开政府向市场提供规则或秩序并监督实行，即守候市场。分析和理解政府与市场的关系，思路应该为：一是从社会均衡目标出发，将政府与市场的关系放到政府与市场一体化的角度来考察，从而避免机械性、片面性分析和评价问题；避免政府与市场各行其是，甚至政府行政权力与市场主体争权，形成交易费用的消耗，更好地寻找政府与市场关系的均衡点。二是应该分别从政府本位角度、市场本位角度换位思考政府与市场的关系。一方面，从政府本位看，市场仅仅是政府有效管理社会的工具，政府以公益为目标函数，充分利用市场手段，可以避免自身决策的信息获取费用以及主观决策错误导致

的损失成本。另一方面，从市场本位看，政府仅仅是市场的守候者和“保险杠”，为服务市场而存在。它制定市场规则，降低交易成本，对经济活动进行仲裁，减少经济活动摩擦成本。这样，从多角度考察政府与市场的关系，实则将政府与市场的组合结构作为考察对象，从结构优化的角度考察其社会生态功能优化问题。

（1）一体化视角理解政府与市场关系

经济学理论和历史均证明，任何片面强调政府或是片面强调市场的理论与实践，均是经不起推敲和经不起检验的。理性的认识应该是政府与市场放在经济社会一体化的大系统中考察。政府与市场在一定时期内，在一种合理性的关系结构下，才能更好地实现其功能，使它的社会生态目标函数达到更大化。政府与市场是经济社会发展系统中的两个相互关联的要素。它们之间应该是相互影响、相互制约又相互促进的关系。类似于生态系统中的生态主体制约和共生的关系，因而也符合生态一体化法则。土地作为基础性的资源，在流转或是重新配置过程中，如果政府从政府自身的角度出发，丝毫看不到自身的理性和认识的局限性，忽视以市场机制为核心的经济规律，或是认为市场万能，放任市场自流，那都是不科学的，不利于土地资源的优化配置，有违于社会生态的良性发展。

土地的多重属性，决定了在其管理和配置过程中的复杂性。单纯从政府与市场的一般关系来说，世界上不存在离开政府的无政府主义的市场，否则会陷入霍布斯所设想的“丛林法则”，导致交易费用无穷大。即便存在着政府，其管理不规范或者是管理缺位，也往往助长市场上的不当投机、恶性竞争、尔虞我诈等现象。同样离开市场的政府也是不可想象的。无论政府还是市场，都是社会发展进程中不可缺少的因素。市场存在交易，交易产生冲突，在利益冲突协调的过程中产生规则和秩序①。政府是冲突的仲裁者和规则的提供者。没有人会否认市场的前提是法制和规则，基于这一点，在承认市场地位时也就无法否认政府的作用；同时，作为公益代表的政府，在其以提供制度、宏观调控、调节分配关系、保护环境等方式，履行管理公共经济、社会事务职能的过程中，如果不尊重经济规律，忽视市场的作用甚至排除市场，扭曲真实的社会需求，将会使资源配置不均衡，极大地扼杀人的创造活力。因而，政府与市场的

① 康芒斯：《制度经济学（上）》，丁树生译，商务印书馆，1997 年，第 9 - 13 页。

关系，应该是相互依赖、和谐共存又相互制约的生态式关系。从农民财产属性来说，农地市场化流转符合财产的本质属性，如果限制市场化流转，则意味着对农民财产权的束缚；从国家资源的属性来说，农民土地市场化流转是受限制的，它并不能成为一个完全的市场，比如将耕地自发流转给工业资本。因而农地市场化流转纠结着农民财产权和国家（政府）资源管理和规划权的冲突。同样，如果国家漠视农民的土地财产权，无限地滥用行政权力对土地进行垄断式控制，那么它无疑又侵害了农民的财产权益。只有将政府与市场放到经济社会发展一体化的角度，才能更好地理解它们的关系及其在农地流转中的合理定位。

从政府与市场一体化视角理解其在土地管理或是土地流转中的职能关系，依据还在于政府与市场存在替代关系。政府越来越多地用市场解决行政管理问题甚至用市场工具解决计划问题，以及市场又借助政府之手去优化其运行机制。有时政府的行政管理也市场化（如管理和服务外包，借助市场激励机制绩效管理等等）；有时政府的计划手段与市场手段合为一，如政府为了实现土地项目规划，面向社会，以市场投招标等方式，通过竞争使优者获胜，并借此杜绝权力设租寻租；有时政府为了达到生态指标，可向经济主体课以重税进行惩罚或进行奖励性生态补偿，以模拟市场的方式将经济活动外部性问题内部化，从而实现政府目标。例如，为了维护粮食安全，对处于市场弱势地位的种粮户进行补贴，其实也是一种生态补偿，可理解为政府向农民购买粮食安全保障的市场行为。总之，是政府代替市场多点，还是市场代替政府多点，主要看在农地流转配置中，何者更能避免环境破坏和社会摩擦，使经济社会可持续发展，即何者更能节约以社会生态为内容的交易费用。

（2）换位理解政府与市场关系

所谓换位理解就是分别从政府为本位去理解市场，以市场为本位去理解政府，即政府要求市场怎么做，市场要求政府怎么做。

从政府本位来说，政府的本质职能就是服务社会，维护公益利益。要更好地实现此职能，政府通常有计划手段或是市场手段。政府计划甚至政府规制，又可以分为行政命令的模式和运用市场工具的模式。所谓市场本位来，就是在市场机制下，将政府当作一个市场的变量来考察。政府应该怎样为市场提供制度，怎样守候和服务市场。以市场为本位考察政府，那么市场本身的弊端，如恶性竞争、垄断、负外部性问题等等市场失灵现象，均可以追溯到政府监管不到位、政府提供的制度不健全等等因素。完善的市场机制要求政府不缺位，也不越位。

然而，政府一般来说是强势的，虽然它应该是社会秩序必不可少的维护者，是公平正义的化身，但往往又成为社会的对立面，成为压迫人的异化物。在西方民主理念中，政府（国家）是必不可少的，但它有“恶”的本质，因而必须要由民众来监督、限制它。不可否认，政府是由具体人员组成的组织机构，其人员也可能存在自私自利之恶的人性逻辑。现实中政府越权做市场的事，在农地流转问题上也有所反映。不仅仅是按照公益性的要求进行征地的非农化流转，政府充当执行者的角色，而许多专业大户、龙头企业的规模、产业化生产所需要的农地流转，也往往由政府出面。农民获得的土地价格不是市场博弈的结果。有的地方，资本和公权勾结，以“项目”的名义，以行政权力助推农民将土地流转出去，然后又反租倒包给农民，往往没有比单个农民经营有更高的效率，目的仅是充分利用政策，骗取国家的种植补贴。个别地方政府，以设计规划为名，争取土地“指标”之实，以自己的利益取向（如GDP增长）规划农地流转，设定补偿形式和标准，而本该是主体的农民最终只能担当方案接受者的角色①。政府缺位的现象，如项目先建后审批手续、建在农地上的小产权房（很多本身由基层政府参与）问题等等。政府在入口关把握不严，徒增了管理的交易成本。在这种路径依赖下，还为后续制度建设增加了交易成本。

政府与市场换位思考，正确的理解应该是：从政府本位出发，市场是实现政府管理社会经济事务，实现最大多数人福利的工具，或者说是政府实现其公益职能的手段。政府应该从实现其职能目标出发，培育市场，完善市场秩序。政府利用市场能解决问题，就尽量用市场（市场能做的事尽量交给市场），这并不意味着政府“不治”，而是“无为而治”。从这个意义来说，政府只要提供和完善了相关制度——产权制度、税收制度（农转非的税可以高到一定程度）、社会保障制度等等，就可以更大程度地由市场去配置资源。即使是国家征地，在征地的过程中，只要产权是清晰的，国家可以购买农民的土地产权，以服务于国家空间布局的发展和优化。在自然环境中，亦可模仿市场，以购买生态服务的方式，给农民或是从事种植的农地主体以生态补偿。从市场本位来

---

① 唐敏：《农地流转不是诱农取地》，《瞭望》，2010年第35期。

说，市场优化和完善机制离不开政府。政府可以理解为市场的一个变量，或者说是市场系统中的一个要素，以市场考验政府的绩效。总之，政府为本位，就是要充分考虑如何用市场的手段，使政府的社会公益目标实现达到交易成本最小化；市场为本位，就是如何充分发挥政府职能，使市场交易成本最小化。

（3）动态理解政府与市场关系

无论是亚当·斯密的“市场看不见的手”，还是马克思的政府计划，以及凯恩斯政府“看得见的手”与市场“看不见的手”同样重要等一系列的观点，均是在对前一时代一种主导形式出现问题的矫正。相关的学术观点，在经济社会发展过程中的政府与市场命题上，大致可分为自由市场论以及政府职能主宰论。前一类观点往往被称为“新自由主义”，而后者多被定位为新“左”派。后者也抨击现政府，但是它诉求的是政府计划。

本书探讨农地流转的社会生态保持或社会生态优化问题。毫无疑问，所谓生态性，首先应该是适宜性。无论自由市场论还是政府主导论观点，都不能抛开具体的、历史的条件去讨论其“适宜性”问题。所谓国情论、历史论并不是政治教科书的一种意识形态话语体系，而是实实在在有其科学性。中国经过改革开放，特别是网络时代的到来，人们的经济民主意识更强烈，而经济民主的前提是平等交易，市场则为其平台。因而，政府与市场的关系，在不同的历史时期和不同的政治经济社会背景下，有不同的内容，它是呈动态发展的。一般来说，在社会转型时期，政府在农地流转方面有更多的担当。如土地革命、土地改革、集体化、家庭联产承包责任制等大的政策变迁，都是政府主导的。如果光从市场的角度，让其通过市场“自生自发的秩序”（哈耶克语），不可能完成以土地制度改革为基础的社会转型历史任务。在我国城市化高速发展的初期，以及启动经济方式转变时期，如鄱阳湖生态经济区建设，同样离不开政府主导。转型期之后，就应在制度完善的前提下，充分发挥市场机制的作用，以价格机制为杠杆，调节包括土地在内的资源配置。因而，农地流转过程中，政府与市场的关系不是一成不变的，它是具体的、历史的，应该动态理解政府与市场的关系。

从目前我国的状况来看，改革开放已经40余年，取得了一定的成就。我国已经成为世界第二大经济实体，第一大工业制造国，城市化快速发展已经达到了一定规模，市场经济建设体制正从不完善到逐渐完善。尽管还没有达到理想状态，与发达国家还有相当的差距，但比之于改革开放前半期，基本上可定位为已经进入转型后期。基于这种定位，意味着在农地流转问题上，政府要逐渐放权于市场，或更多地以市场手段代替政府行政权力直接主导。

（4）找到政府与市场关系的均衡点

政府职能、市场机制在配置土地资源问题上，两者之间相互渗透，对立统一，在一定情况下又可形成替代关系。但是，究竟哪一方面的分量多一点，要看政府与市场按何种结构组织起来，更能节约制度推行的交易成本，获得更多的社会收益。本书认为，政府与市场关系的均衡点，是在一定的历史条件下，制度的交易成本实现最小化或是制度的收益实现最大化。这里的成本—收益不仅仅是经济方面的考虑，更是以社会为本位的，包括经济、环境和社会在内的社会生态损益问题。当然这个均衡点仅为假设，它不可能绝对达到，而只有通过努力无限接近。只有在价格能真实反映经济信息，资源配置不错位，政府提供完善的制度平台，才能真正避免信息扭曲下的决策错误导致资源浪费等社会成本，实现社会生态交易费用的节约。

究竟农地是通过市场化方式配置，而不需要何管制，还是在国家管制的前提下发挥市场机制的作用，众说纷纭，没有达成统一认识。多数学者认为，农地需要政府管制。但有学者认为耕地不需要保护，认为市场本身就可以解决资源配置不当的问题①。持这一观点，似乎在理论上是成立的。因为在主流经济学看来，完全市场均衡状态下，边际利润为零。这种保护农地的政策，反而束缚了农民的土地发展权，使农民的利益受到损害。这种观点，对于我们理解城乡二元结构，理解“三农”问题成为世纪难题有启发意义；对于打破城乡二元结构，保障农民利益，维护公平方面有参考价值。但是，农地资源不需要管制，任凭市场需求调节，这不仅是不现实的而且是危险的，理由在于：首先，土地不但是农民的财产，而且具有公共资源属性，它涉及公共利益问题，国家管制是必要的。其次，中国本身人地关系紧张，没有政府在法律法规下的管制，任何资本力量的不当介入，都有可能形成私人垄断下的投机，其结果是危险的；自然资源有天然垄断性，它不可能形成完全竞争的市场，在目前城市高速发展时期，人们趋利性决定了农地主体均倾向于农地非农化。即便根据供求

① 如茅于轼认为，耕地不需要保护，认为粮食问题不成其为问题，不存在稀缺，反而是城市化的土地压力大，城市化建设用地更稀缺，如果基于稀缺的原因，要保护耕地，同样的逻辑是更要保护其他用地，http：//www. china - review. com/sao. asp？ sid = 116&id = 20673。

规律，当农产品由于农地过度非农化而稀缺，导致价格上升，利润超过社会平均，那么非农用地要逆转为农用地已经是很难了。因为耕地如果开发成建设用地，由于重金属污染和硬化固化等原因，它几乎是不可逆的，加之在过度非农化过程中造成的生态破坏，其恢复不易。最后，虽然在开放市场下，粮食安全似乎不成为问题，但是，一旦有国际争端，我们的粮食由于耕地破坏而没有自我供应能力，这种国际依赖被打破，我国粮食安全问题就会有不可预知的风险。总之，理论上的市场万能论、政府主导论，以及实践中政府强势的现状，均表明学界已经陷入了非此即彼的机械分析问题的窠臼。关键是要找到一个政府与市场关系的均衡点。

如前所述，政府与市场关系，要放到经济社会一体化中理解，要从换位思考的角度理解，要动态理解，这样才能克服非此即自彼的机械理解。上述对政府与市场关系的三个层面的理解，说明政府与市场在历史进程中，存在着此消彼长、相互替代的关系，它的均衡点是一条运动的轨迹（见图 3 -2）。农地流转的政府与市场定位，也要遵循历史和经济发展条件的变迁而变化。

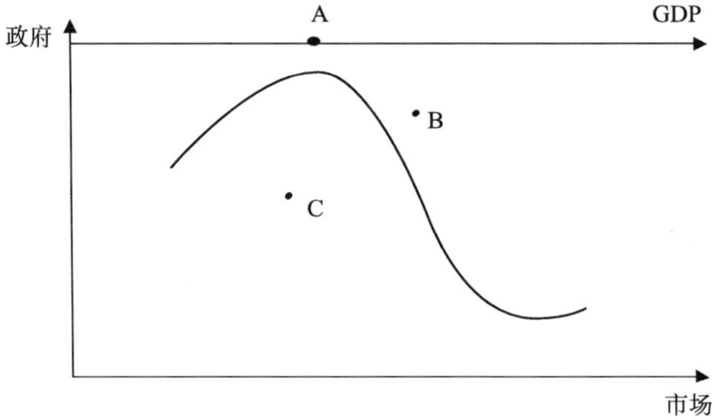

图 3 -2 现代社会政府与市场关系均衡点轨迹

如图 3 -2 所示，在现代经济社会（不包括自然经济状态下的传统社会）政府与市场关系的均衡点，大致可以抽象理解为类似于库兹涅茨曲线的一条线。A 点表示为人均 GDP 达到了中等收入水平，或说是一个拐点，政府在更大方面代替了市场，此时，政府的主导作用达到了最大，之后开始弱化，并逐渐地向市场主导作用转型。当政府与市场的关系点位于 B 点时，说明在当时的发展状态下，政府存在越位或是乱作为现象，市场机制的内在潜力没有得到充分发挥。当政府与市场的关系点位于C点时，说明政府在当时发展状况下存在不作为、放任市场的现象。当政府与市场的关系点位于曲线上时，才是均衡点。正常情况下，当一个国家达到发达水平，政府直接干预经济职能弱化，政府则成长为完全服务型政府。发展中国家在实现经济起飞、达到发达国家的过程中，大致经历了如图3－2所示的这个轨迹，或者说大致围绕这条轨迹线上下波动。资本主义世界由自由竞争到垄断，再到现代服务型政府理念成为共识，也大致经历了这个阶段。仅仅在某些特殊时期、特定情况下并非如此，如革命背景下或是由强烈意识形态主导的非常规时期是例外。如我国的人民公社时期，几乎取消市场。我国当前学术界，不少观点撇开经济发展水平的背景状态不谈，一味鼓吹市场万能论，难免有失偏颇。如果在既有的不平等的国际经济秩序下，发展中国家靠市场的自然演化，没有很强的政府作为，那么要赶超发达国家无疑不可能。以政府主导为典型特征的“中国模式”，创造了人类历史上的发展奇迹，并为世界所关注，也较好地说明了这点。尽管如此，人类发展的总体方向却朝着有利于市场的方向前进，当经济发展到一定程度，有一定的转变发展方式之基础，那么很自然地要实现政府职能转型，否则会过分地偏离均衡点，影响经济社会的发展。

上述政府与市场在农地流转职能方面的关系，实为农地流转的宏观组织问题。在新制度经济学视野中，组织方式为制度的内在内容之一，类同于新制度经济学创始者科斯的企业组织还是市场组织问题。对此问题应该基于两方面探讨：一方面，政府与市场两种组织方式交织在一起；另一方面，由于信息不可能完全获取，任何一种组织方式都会有其缺陷，如政府的代理成本、市场失灵导致的成本等，应通过两者的互相制约和互相补充，扬长避短。从政府的社会管理职能来说，政府作为公益的代表，事实上与公众或社会存在着委托代理的契约关系。一方面有朝着社会良性发展而努力的价值取向，另一方面有存在着自身利益考虑的机会主义，这就是有名的“诺斯悖论”。从威廉姆森讲的契约的不完全性、人的机会主义、有限理性去分析，就是“有必要对机会主义进行核查防范，以免我们这个世界被重组得有利于更加机会主义的代言人”①。因而，以平等博弈为特征的市场模式，可以对政府的机会主义形成制衡关系。通过政府与市场的动态平衡关系，可以使农地流转向着社会生态均衡的方向发

① 奥利弗·E. 威廉姆森：《治理机制》，王健等译，中国社会科学出版社，2001年，第34－36页。

展，从而避免无政府状态或是政府权力导致土地价格扭曲而形成过高交易费用。

要从农地流转社会生态价值取向出发分析府与市场的关系问题，必须从生态公益性、资源配置的均衡性要求与政府职能、市场的职能特点方面去理解。首先，从生态理论来说，政府对于生态外部性问题的公益性使命，以及市场对于资源均衡性的配置职能方面，要求在生态外部性问题解决方面，只能由政府出面，但是又不能忽略市场工具（如生态补偿等）。通过市场方式将外部性问题内部化，这就要求理顺政府与市场在制度规范下的关系。其次，从农地资源配置来说，关联到市场经济对产权规范的要求，以及政府在初始产权界定问题上的制度提供等方面，即政府、市场各自在土地资源配置中的定位问题。最后，从制度经济学中的产权及交易费用理论考察，通过强化何种组织方式（政府还是市场）更能节约包括生态损失在内的交易费用，获得更大的生态收益，是政府行政命令的方式，还是市场供求关系的机理，以及以此相关和产权如何安排等等，均值得探讨。农地流转的制度改革，实质上是经济体制改革的重要一环。党的十八大提出要加快完善社会主义市场经济体制和加快转变经济发展方式，并指出经济体制改革的核心问题是处理好政府和市场的关系①。农地是人与自然关系、人与社会关系的纽结，是自然资源、自然环境和生产要素的统一体。从自然环境保护和资源配置来说，在有效避免公地悲剧方面，政府的职能是不可替代的；从农民财产权处置方面来说，农民市场主体地位同样不容忽视，但市场同样离不开政府提供制度规范。总之，以社会生态节约为目标，在政府与市场两者动态结构变化中，发挥社会生态优化之功能。这种结构变化的轨迹，即为政府与市场关系的均衡点。

---

① 胡锦涛：《坚定不移沿着中国特色社会主义道路前进，为全面建设小康社会而奋斗》，《中国共产党第十八次全国代表大会文件汇编》，人民出版社，2012 年，第 18 - 19 页。

4 农地流转历史与个案及其社会生态成本

4.1 历史的审视

本章包括历史经验与现实个案经验两部分内容，因为本研究不是做历史的考证，仅仅粗线条地梳理我国传统农业社会至今的农地流转与社会生态之间的互动关系，旨在总结经验和对历史的认识（包括认识误区），以寻求现实启示。

4.1.1 传统农业社会时期

我国在西周时期，土地实行井田制，至春秋战国时期，井田制开始破坏，继而进入私有制为基础的传统农业社会，或说封建社会。我国漫长的传统农业社会，被描述为“封建制度超稳定性”特征的一种社会形态。毫无疑问，农业是我国传统社会的主业，土地是基本的生产资料，所谓“封建社会超稳定性”，可能有它的基本的土地制度原因。我国传统农业社会，封建王朝在土地制度或者是与土地相关联的制度安排方面，有不同于西欧国家的特殊性，在客观上有它的社会生态的调节机制。当然，主流观点认为，这种超稳定性是因为封建宗法制的文化没有被打断。但是以马克思主义观之，作为上层建筑的文化，它决定于经济基础，因而这种社会形态稳定的“文化说”并不能解释根本原因。

在传统农业社会，虽然不同朝代有不同的做法，封建王朝政府对于土地相关的赋税政策、农地流转政策，以及土地与人口相结合的政策，在不同时期多有不同。如均田制、租佃制及其从劳役地租、实物地租到货币地租的演化，地丁银和一条鞭法、摊丁入亩等等土地租赁和赋税制度，田底权田面权的法律认可等等。但是本书的重点不在于详细考证历史，而是利用一般的规律来说明我国传统农业社会时期农地流转及其王朝（政府）与市场的关系，以期为今人提供经验和借鉴，因而只是粗略地做一个一般性概括。

大致说来，一方面，自私有制后，王朝政府一般地重视保护土地私有财产，逐渐地尊重经济手段的土地市场化流转；另一方面，以人口政策、赋税制度等方式，调节土地的流转，以巩固王朝统治，优化其政治生态。封建王朝从其自身统治稳固考虑，为了维护其政治生态平衡，在一定程度上倾向于维护“民”的利益而对于豪强地主的土地兼并行为进行抑制。道理很简单，普通民众无以为生会导致社会动荡，会动摇最高统治的根基。一方面，大地主、地方豪强压迫和剥削农民，造成普通农民无法生存而反抗；另一方面，随着地主豪强势力的增大，反而对封建王朝统治的可持续性构成威胁。从这一点来说，封建王朝反对土地过分兼并，自耕农才是其稳固统治的基础。这一主旨，就决定了王朝政府对土地及其流转政策导向。北魏时期土地兼并严重，正是孝文帝改革的大背景；唐朝的“均田制”亦是朝廷对限制土地兼并的政策。有关防止土地兼并问题的政府行为，还表现为王朝在构建文化和意识形态方面的措施。我国不同于西欧国家的是土地财产的“诸子均分”的文化传统，并且由正式的法律法规对此认可。这种土地分配制度，无疑与分散大家族财产，瓦解与中央抗衡的势力的王朝政治意图有关。而传统的“重农抑商”政策，除了对工商业是否为国家创造财富认识不清，从而对商人逐利行为道德评价多持否定（如“市井小人”之蔑称）态度外，一个重要原因是统治者害怕商人富可敌国，通过资本涉入土地流转，导致土地兼并和贫富分化而对其统治形成威胁。这说明由历代封建王朝都认可的正式或不正式的制度，直接影响了市场。对于大地主和商人的投机行为，汉代甚至推出“平准”政策，即对地主和商人囤积居奇的行为，以经济的手段平抑市价以稳定社会。

但是，封建王朝在一定情势下，又需要有一定势力的绅士成为其基层统治的基础。所谓王权不下县，精英统治是传统中国基层社会的典型特征。官府的征税征粮，都有赖于地方精英。因而，一定程度的土地兼并是存在的。一方面，封建王朝承认私有土地财产，承认农户之间通过经济方式流转土地的契约关系；另一方面，在一定时期，又会在政策上限制土地私人买卖，以抑制土地兼并而影响社会稳定。而这个度是很难把握的，有时候封建王朝无法控制土地兼并的局面，一些政策往往无法执行。至唐中期，官方基本承认土地私人买卖。当然，在政府控制力弱化的情况下，反而是土地流转市场发育好的时机。封建社会中前期，存在着“均田制”，有官府授口分田。据赵冈、陈钟毅的研究，即便是在均田制下，农地多样化形式的市场流转也是很常见的。当然这种流转未必是产权的完全让渡，而多半是出租、租种的方式，发生使用权的流转；也未必是佃农租种地主的土地，有的既租进又租出。有的农民家庭在获得“口分田”的情况下，由于家庭劳动力不足，出租一部分土地给别人；有的田离家远，则租给别人，自己又从附近租种别人的土地，从而形成了土地与人力资源的均衡化配置[①]。随着租赁制的发展，政府为了保护佃农的利益，甚至对田底权、田面权进行了正式制度的确认，田面权也可以市场化流转。特别是唐中期以来，承认土地的市场化交易得到政府更明确的许可，土地流转的方式不限于一般的土地买卖交易或者是地主将土地出租出去，或是请长工自营。土地经营流转越来越多样化。龙登高教授基于民间的契约文书与刑科提本，对清代的土地交易方式进行了系统考察。其交易除买卖（活卖、绝卖）之外，还包括典、押、按、当等融通性交易模式。从而得出结论：土地是农民的命根子，是债权交易、产权交易甚至股权交易的媒介，是农民应急解困的保障和现代金融沿袭的雏形[②]。他还认为，近世中国的地权的权益和功能有彼此关联和互相促进的多层次性，耕作权是其基本，这些权能在流动与交易中，促进了土地与劳动力的最佳结合，并促进了人们对未来预期变现的融资活动及对土地投资的活动，满足了农民的融通投资需求，甚至萌生了推动地权交易的票据化现象[③]。总之，较多的资料均可证明，传统的农业社会特别是近世以来，政府尊

① 赵冈、陈钟毅：《中国土地制度史》，新星出版社，第249－251页。

② 龙登高：《清代地权交易形式的多样化研究》，《清史研究》，2008年第3期。

③ 龙登高、任志强、赵亮：《近世中国农地产权的多重权能》，《中国经济史研究》，2010年第4期。

重和保护民间的地权交易，即尊重民间内生的交易秩序的形成，从而也推动了民间地权及其衍生的通融资交易的创新和发展。但是对于土地兼并往往有所限制，以实现其统治的可持续发展。

4.1.2 中国共产党的历史时期

理解中国共产党土地政策的历史，要把握几个历史时期的节点，即土地革命时期、抗日战争时期、解放战争时期、社会主义建设时期以及改革开放时期。只有把握不同时期中共的历史使命与其实践经验之间的逻辑关系，才能更好地从社会生态优化的角度理解和评价其在不同时期的土地及其流转政策，为新一轮的土地流转制度改革避免过高社会生态优化成本提供经验和借鉴。本部分根据不同的历史时期，从以下几个节点加以论述。

第一，第二次国内革命战争时期，中国共产党实行土地革命政策。南昌起义后，中共开始创立农村革命根据地，八七会议正式确定了土地革命和进行武装斗争的总方针。1927 年 10 月，毛泽东率秋收起义部队在井冈山建立了第一个农村革命根据地，开展土地革命和进行游击战争，之后，朱德、陈毅等率部到井冈山与毛泽东领导的部队会师，成立中国工农革命军第四军，巩固和扩大了根据地。此后，湘鄂西、鄂豫皖、陕甘、海陆丰、左右江等革命根据地相继开辟。而通过土地革命，将土地分给贫民，为发动群众参加革命，使共产党领导的部队获得更强的有生力量打下了基础。当然，通过革命的方式，使农民从地主富农那里获得了土地。由于私有的产权制度是市场流转的基础，这种归农民私人所有的土地，理应是不排除市场的。但是在“没收”“平分”等革命语境下，土地市场化流转变得不可能了，因为谁也不想成为下一个地主，而成为被革命的对象，这大大抑制了农民买田置业获得财产性收益的预期①。

第二，抗日战争时期，中国共产党对土地政策进行了调整，在敌后根据地，放弃了没收一切地主土地的原来做法，转而实行了农民交租交息、地主减租减息的政策。抗日战争时期的大背景是中国共产党需要扩大统一战线，争取全民族抗日，在敌后抗日根据地的土地政策也就自然地基于这方面考虑。在敌

① 温锐：《中央苏区平分土地政策与农民权益保障的再认识》，《中共党史研究》，2010 年第 5 期。

后抗日根据地实行地主减租减息土地政策、农民交租交息政策，其战略基点是形成更大的抗日群众基础。在农民和地主之间相互让一步的前提下，既改善了农民的状况，调动农民的抗日积极性，又有效地团结了地主的支持抗日的力量。

第三，三年解放战争及土地改革时期，土地政策的中心内容是没收地主的土地归农民所有。1948 年 4 月，提出了土改工作总路线：依靠贫农，团结中农，有步骤地、有分别地消灭封建剥削制度，发展农业生产。这个总路线的目的，是配合解决当时的主要矛盾。通过此举，发动了大批分得土地的农民参军，增强了解放军的有生力量，也赢得了群众对前线的直接支持。新中国成立前夕，有关我国的社会性质，仍然是定位为半殖民地半封建社会，土地的地主占有制仍然占主导地位。1950 年 6 月，新生的中华人民共和国中央人民政府颁布了《中华人民共和国土地改革法》，规定了农民所有制的土地基本制度。从市场方面来说，这种分田分地的措施，使农民获得了土地，在一定程度上发展了社会生产力和提高了农民的生活状况。但是，正如土地革命时期一样，在“破”的过程中，如何“立”？在这种“打破”的过程中，谁又能保证自己通过市场运作或是勤劳致富，而不成为未来被革命的对象呢？这样，排除了市场化的土地流转可能性。

第四，社会主义建设时期，土地制度的特点是“一大二公”的集体经营模式。1953 年开始，从互助组、初级社到高级社乃至人民公社，直至 20 世纪 80 年代初开始实行家庭联产承包责任制。在此过程中，在“让小生产绝种”“改造小农”的理想主义社会改造目标下，引发更左的阶段斗争，造成农民的恐资惧富心理[①]。此时，不要说土地的市场化流转不可能，由土地出产的农产品都不允许市场出卖，否则就是资本主义尾巴要加以割除，只能由政府实行购统销政策。

第五，改革开放时期，特别是 20 世纪 80 年代，实行的是家庭联产承包责任制模式。家庭联产承包责任制的制度来源，实际上是农民与国家博弈的结果，源于为解决生产效率低下问题，由农民首创的包产到户。如前文“背景”所述，承包制解决了经营主体激励不足问题，实现了国家、集体和农民三个主

① 温锐：《动态开放小农——现代化与中国农民的主体性讨论》，江西人民出版社，2013 年，第 120 – 125 页。

体在农地收益关系方面的协调并进，因而它得到上层政策认可，是农民与上层博弈的结果，因而它属于诱制性制度变迁。从这个意义来说，它体现了国家与农民关系的相对和谐状态，因而它符合社会生态优化法则。然而，随着我国经济发展水平提高、农业生产方式升级、农业的国际竞争加剧以及劳动力就业结构发生变化，家庭联产承包责任制的土地制度面临着新的挑战。党的十七届三中全会鼓励农地流转的政策指向渐明。而农地流转畅通的制度前提是明晰产权主体。为此，中央相关稳定土地承包权的政策越来越明朗。

土地承包期第一轮为 15 年，1998 年修订的《中华人民共和国土地管理法》则将承包期延长至 30 年。但此法仍开了 2/3 村民同意就可以对土地局部调整的口子，这对稳定地权不利。2002 年《中华人民共和国农村土地承包法》就农地局部调整问题明确指出，“承包期内，发包方不得调整承包地”。特殊情况下的局部调整仅限于“因自然灾害严重毁损承包地等情形”①。在此基础上，时任总理温家宝2005 年针对第二轮土地承包权的期限问题时说，“三十年不变”，就是“长持不变，也就是永远不变”②。2007 年《中华人民共和国物权法》，更涉及了第二轮承包期满后仍然“继续承包”和宅基地使用期满后“自动续期”的问题③。农村土地承包和使用权向长期化迈进趋势显现，农地承包权的长期稳定性得到了进一步的保障。

2008 年 10 月，党的十七届三中全会召开，会议通过的《中共中央关于推进农村改革发展若干重大问题的决定》指出：“赋予农民更加充分而有保障的土地承包经营权，现有土地承包关系要保持稳定并长久不变。”④ 当年底，中共中央、国务院《关于 2009 年促进农业稳定发展农民持续增收的若干意见》出台，不仅再次重申“现有农地承包关系保持稳定并长久不变”，还进一步要求“强化对土地承包经营权的物权保护”，并提出“要稳步开展试点，将农地权属确权到集体组织”，“有关面积、空间位置和权属证书要明确到具体的农

---

① 何宝玉主编：《中华人民共和国农村土地承包法释义及实用指南》，中国民主法制出版社，2002 年，第 4 – 19 页。

② 新华网北京 2005 年 3 月 14 日电：国务院总理温家宝应十届全国人大三次会议新闻发言人姜恩柱邀请，在人民大会堂举行记者招待会上回答美国记者关于“三农”问题的提问时作上述表示。

③ 中共中央文献研究室编：《十六大以来重要文献选编（下）》，中央文献出版社，2008 年，第 993 – 998 页。

④ 中共中央文献研究室编：《十七大以来重要文献选编（上）》，中央文献出版社，2009 年，第 674 页。

民手中"[①]。2011 年 12 月之后，温家宝不止一次重申农民对于土地承包经营权、宅基地使用权、集体收益分配权等财产权益的合法性。并指出，这种财产权益无关于农民是否要以土地作基本保障，也无关于他们住在农村还是城镇，任何人都无权剥夺；并把农民土地财产权保障与增加农民在城市化过程中土地增殖收益等问题当作征地制度改革的核心命题提出来[②]。这事实上触及了农民土地发展权问题以及澄清了农村土地换社保的不当。十八届三中全会第一次提出农村建设用地与城市建设用地同地同权问题，如果此政策精神能够落实，那就意味着农民有可能拍卖自己的宅基地进城，也就意味着农民有更大的迁徙自由。

4.1.3 一个总体的社会生态交易成本评价

评估农地流转的制度及其执行是否产生过高社会生态成本，要放在当时的社会历史背景下去理解。通过人与自然、人与社会两重关系是否和谐，是否有利于可持续发展等方面去考察。

传统农业社会时期，没有工业污染，人们对于自然环境的影响力有限，因而土地资源配置对于生态环境的影响并不突出，而主要体现在社会关系方面。土地流转过程中，政府政策会施加影响，主要体现在旨在影响人与地的结合方式的赋税制度安排，以及土地买卖管制、宗法制度（如家长制、诸子平分制、一夫多妻制）等，使土地发生自然流转和分化，以达到社会生态平衡和其政治统治的可持续发展。这样，一方面，封建统治者并不希望土地过分兼并而导致"尾大不掉"，这样对市场往往会干涉；另一方面，封建统治者又要营造通过市场使失地者获得土地的社会管理机制，以增加社会稳定性；近世，还出现"田底权"和"田面权"的两权分离的法律认可，而各种形式的流转，如租佃权的流转（田面权）、资本涉入的经营性地主，这些均体现了土地市场产权交易结构的多样化。然而，由于国家控制力是有限的——所谓"王权不下县"，土地兼并和集中在一定时期又愈演愈烈，社会就进入"历史周期律"的魔咒。

① 中共中央文献研究室编：《十七大以来重要文献选编（上）》，中央文献出版社，2009 年，第 830 页。

② 温家宝：《中国农业与农村的发展道路》（在中央农村工作会议上的讲话），《农民日报》，2012 年 1 月 27 日（1）。

通过农民战争的外力作用，使人口减少，从而使人均土地占有率提高；同时，在对固有秩序冲击的过程中，土地分配相对均衡化。这样，达到一种人地关系的所谓社会生态平衡。

对于这种方式的社会重新平衡，做社会生态学的评价评判非常有必要，它直接影响到我们现实土地经济行为的价值取向。在长期阶段，这种平衡是以很大的不平衡的“历史阵痛”为代价的，因而，就像我们不需要大规模的战争来解决人口膨胀危机、维持人口平衡，而是通过计划生育政策一样。通过农民战争，以血流成河、百姓流离失所的方式来达到土地流转的平衡，不是我们所要的维持社会生态平衡的方式。恰如我们研究宏观经济学的经济周期，目的是要避免经济的过大波动，使社会平衡发展。如果把一个足够长周期的平衡恢复当作理想化状态，那么就没有研究宏观经济学的必要性了。为此，从长期的历史周期看，通过农民起义、战争客观上可以使土地资源均衡化，无疑是一种调节社会生态的方式。但是，这种调节机制的交易费用则具体化为一段时期的社会无序、大批人口非正常死亡等人间惨剧的发生。

据此，当前不少学者认为，我国土地不能实行私有化，否则会陷入历史治乱的周期。此种观点是明显没有说服力的。一个系统，不仅要保持本系统内部各要素以及各要素与系统之间物质、信息和能量的相互作用，还与它所处的环境进行物质、信息和能量的交换。因而，一个开放系统是稳定的，封闭系统则是不稳定的，社会生态系统亦然。在传统的农业社会，因为其所处的历史环境至少有以下几个方面与当前不同：一是生产方式落后，没有工业化机械化作为支撑，农业生产本身要消耗大量劳动力，因而对于土地流转出去的主体需求没有当今普遍；二是劳动力没有其他出路，只能束缚在土地上以谋取基本的生计（恰如黄宗智所描述的内卷化小农）；三是现代化的社会保障制度在传统农业社会不存在，土地保障是最大的保障。受历史条件限制，这等于处在一个相对封闭的系统中。这种背景下，农民一旦失地，就失去了基本生存保障，土地占有严重不均，自然是社会动荡的渊薮。而随着农业生产的社会化程度越来越高，劳动力分工越来越细化，需要向工商业部门特别是服务业转化的农民越来越多（近年的民工荒现象可见一斑），甚至农业本身也逐步实现工业化生产方式（即农业工业化），加之农村社会保障从无到有，从低水平到逐渐完善的趋势明显。因而，在产业结构不断变化以及社会公共服务日趋完善的现实背景下，农地流转导致失地农民的风险成本，远远比传统农业社会的农民要小得多

（见表4－1）。

表4－1 农业与服务业结构远景展望

	1995—2010年	2011—2015年	2016—2020年	2021—2025年
农业就业比（%）	36.7	30	28.7	18.2
服务业就业比（%）	34.6	42	47.6	52.9

资料来源：世界银行、国务院发展研究中心联合课题组：《2030年的中国——建设现代、和谐、有创造力的社会》，中国财政经济出版社，2013年。

因此，当前对于以土地为基础的农业生产系统，要广泛地与工业系统、商业系统等农业之外的系统相联系，保持农业系统相对处于开放状态，从而使农业系统更具有稳定性。唯有明确这一点，才能改变农民失地即失去“命根子”的成见，从畅通流转机制入手，使土地与劳动力结合更具社会生态优化特征。

而从中国共产党历史来说，其土地政策，无疑对社会生态发展的影响是深远的，也引起部分学者关注。武力（2011）在解读王瑞芳的书《土地改革变动与乡村社会发展》时，从“土地革命与政权更迭”“土地革命与社会公平”“土地革命与工业化”“土地革命与社会变动”四个方面，论述了土地革命与乡村社会生态关系的变化①。在中国共产党主导的革命时期，自然是以革命战略为中心，土地政策自然以符合一定历史时期的革命的需要为至上法则，因而各时期的主要矛盾的解决是土地政策的依据。在和平建设时期，除了受革命运动思维的惯性影响外，作为发展中国家，其现代化战略目标非常明显，对西方发达国家的赶超意识成为历史情结，因而，由国家（政府）主导的土地资源配置模式，仍然占主要地位，几乎排除市场化的土地流转。这种模式，一定程度解决了我国工业化城市化过程中的原始资本积累问题，降低了征地过程中的交易成本，打下了国家集中力量继续发展的坚实基础。以社会生态绩效审视之，在中共领导下的革命和建设时期，几乎都牢牢抓住了革命和建设继续推进的短板问题，从这个角度看具有包括经济发展在内的社会生态优化的意味。

总而言之，从制度变迁的角度看，中国历史上的农地在不同主体间的流转制度，可从强制性制度变迁和诱制性制度变迁两种变迁方式考察。商鞅变法废

① 武力：《要重视土地改革对乡村社会的深远影响》，《当代中国史研究》，2011年第1期。

井田开阡陌，承认土地私有，造就了秦国强大的基础；20世纪80年代家庭联产承包责任制，由农民首创，并由政府顶层认可，改变了农村的面貌等等，都是诱致性变迁。而历朝历代，由于土地兼并导致革命的所谓“历史周期律”，使土地通过非正常流转重新均衡化，此为强制性制度变迁。虽然从长远的历史来看，这种由历史规律造成的兼并——打破——均衡——再兼——再打破——再均衡模式，是一种自发的社会生态调节方式，但是，仍然是不可取的。它的代价可能造成激烈的对抗，甚至陈尸遍野，血流成河。这从制度的交易费用来说，无疑是巨大的。因此，本研究认为，非在特殊时期，尽量创造条件（如市场均衡机制），进行诱致性制度变迁，而避免强制性制度变迁导致的风险成本。

4.2 个案经验与启示：来自宜春市的调研情况

宜春市为江西省一地级市，总土地面积为18637.67平方千米。其中有耕地面积48.22万公顷，人均耕地仅0.09公顷；农业劳动力人均占有耕地仅0.336公顷，不及全国平均水平①。近年来，该市为了推动农业产业化发展，以行业为主题，成立了相关半官方的组织机构，如宜春市油茶公司等等。这些组织除了负责相关种植业产品的市场开拓、国家补贴的落实以及生产服务职能外，在推动农地流转，形成规模化经营方面，起着坚强的推动作用。当然，这种推动的前提是农民有农地流转的需求。本部分内容根据2011年实地调研材料整理，将其放在政府职能与市场职能之间的关系框架下进行分析，以考察农地流转的社会生态状况及其交易费用情况。

4.2.1 产业目标下的农地流转：以油茶产业市级规划为例

宜春市农业产业发展项目的启动和推广，是根据中央和江西省大的政策精

---

① 资料来源：宜春市政府官网，http：//www.yichun.gov.cn/zjyc/ycgk/zrzy/200603/t20060307_115026.html。

神框架进行的。例如，《国务院办公厅关于促进油料生产发展的意见》（国办发〔2007〕59号），明确提出，从2007年起，在长江流域“双低”油菜优势区（包括川、黔、渝、云、鄂、湘、赣、皖等11个省区）进行油菜良种和种植补贴，并提出加快油料生产基地建设的要求①。而《国家林业局关于发展油茶产业的意见》（林造发〔2006〕274号），更是明确了以湖南、江西为中心产区，提出以建设高标准生产基地为基础，扶持壮大龙头企业，推进产业化经营等指导性意见②。2009年11月国家发改委、财政部与林业局联合下发了经国务院批准的《全国油茶产业发展规划》（发改农经〔2009〕2812号）。江西省也出台了相关文件，并在江西省“十一五”规划中部署了“1155”工程，即到2010年，培养10个年产值过亿元的油茶龙头企业，带动1万户油茶专业大户，建成油茶丰产林基地500万亩，全省油茶产业年总产值达50亿元以上③。而事实上，至2013年上半年，江西省油茶面积已经达到了1300多万亩④。从这个数据可以看出，没有大范围的土地流转，达此规模是不可想象的。

素有“油茶之乡”之称的宜春市，正是在这种大的政策背景下，加快油茶产基地和产业化项目建设。2008年，该市对油茶产业发展制定了详细的推进工作方案，包括成立油茶发展推进工作组，明确了工作组成员单位的工作职责——跑项争资、招商引资、搞好协调⑤。以市委市政府的名义，出台《关于加快油茶产业发展的意见》（宜发〔2009〕4号），明确了远景目标和近景目标，并且对其辖区的各个市区县进行明确的基地建设任务分解（见表4-2）。在油茶产业基地建设特别是连片示范区建设的过程中，大规模的农地流转是必不可少的。一个较为典型的例子是：2009年，加拿大客商陈红京和万载黄茅镇本地企业家王新，合资成立江西新胜有机高产油茶基地，在万载县黄茅镇落户。该公司预计投资1.064亿元，计划3年内通过改造中低产油茶林和新建油茶林，建成规模达6万亩的高产有机油茶基地。项目刚破土即与农户签订近

---

① 资料来源：中华人民共和国中央人民政府网，http://www.gov.cn/zwgk/2007-09/24/content_760094.htm。

② 引自宜春市政府2009编制的资料“加快油茶产业发展资料汇编”。

③ 资料来源：中华人民共和国中央人民政府网，http://www.gov.cn/test/2006-07/10/content_331984.htm。

④ 张志勇：《江西省油茶面积达1300多万亩》，《江西日报》，2013年4月21日。

⑤ 资料来源：宜春市政府2009年编制的《加快油茶产业发展资料汇编》。

0.7 万亩山地的租赁合约，其租赁方式是：每亩每年支付租金 20 元，油茶林有收入后按股分红，第 1 年至第 15 年农户与公司分成比为 2:8，第 16 年至第 30 年为 3:7 分成[①]。这可以说是一个租赁加股份的形式。当然，这种以产业推动的农地流转，并不是只有一个固定模式。以比较长时期的租赁为主，有的实行反租倒包，由出租者租赁后，又承包给原土地主体经营管理。考虑货币贬值等因素，有的地方租金以实物为参照，如每年由承租方向出租方提供每亩一定数量的茶油作为报酬。但是，在笔者调研的过程中，未曾发现有农户将土地绝卖出去。

表 4-2　宜春市 2009—2011 年油茶造林计划任务表　单位：万亩

县市区	新造高产林			改造低产林		
	2009 年	2010 年	2011 年	2009 年	2010 年	2011 年
全市合计	6.00	11.00	11.00	10.00	10.00	10.00
袁州区	1.60	3.35	3.35	3.00	3.00	3.00
樟树市	1.00	1.50	1.50	0.60	0.60	0.60
丰城市	1.60	2.10	2.10	2.40	2.40	2.40
靖安县	0.10	0.22	0.22			
奉新县	0.10	0.48	0.48	0.20	0.20	0.20
高安市	0.60	1.10	1.10	1.20	1.20	1.20
上高县	0.20	0.70	0.70	0.80	0.80	0.80
宜丰县	0.20	0.58	0.58	0.40	0.40	0.40
铜鼓县	0.20	0.20	0.20	0.20	0.20	0.20
万载县	0.30	0.67	0.67	1.00	1.00	1.00
明月山管理局	0.10	0.10	0.10	0.20	0.20	0.20

资料来源：宜春市森林资源监测站和宜春市油茶局编制的《宜村市油茶产业发展规划》（2011 年）。

表 4-2 体现了宜春市政府为了达到规划目标，将任务向所辖市县区分解。由此可见，产业化目标下的农地流转，政府在其中起了绝对的主导作用。

① 2011 年调研时，根据宜春市政府办农业科提供的资料。

4.2.2 奉新县宋埠镇村级土地流转服务中心试点情况

宋埠镇位于奉新县东部平原地带，农业人口2.7万，耕地面积4.7万亩，是该县农村劳动力外出务工人数最多的乡镇。农村劳力的大量外流，为当地农村土地管理带来了诸多的新情况、新问题。这主要表现在：复种指数下降，半抛荒情况普遍。土地流转量大，并呈现“三多三少”特点，即低层次流转多，高层次流转少，请亲朋好友短期代耕占流转总量80%以上；低效流转多，高效流转少，多数土地流转价格不超过100元或100斤稻谷；无序流转多，规范流转少，农户间大多都只有口头协议，没有签订书面合同。土地承包档案残缺不齐，土地承包各项管理混乱，矛盾纠纷调处无据可查。

针对这种状况，2011年初奉新县农村工作领导小组决定，选择该镇的堂庄村、桥头村率先开展村级土地流转服务中心试点，旨在对如何保持现有农村土地承包关系长久不变，建立规范农村土地承包管理的长效机制进行探索，并总结经验，以点带面，逐步推广完善。通过健全土地流转服务中心组织机构，完善各项制度。健全了土地管理档案，突出流转指导，强化流转监管，突出工作重点，稳步有序推进，提高了土地产出效益。

过去农户间以代耕为主的自发流转价格，一般是50—100元/亩，或是50—100斤稻谷/亩，条件较差的耕地还免费请人代耕，农户流转所得很低。通过流转中心引进或培育大户以及引进土地集中经营项目进行流转，提高了流转价格，普遍达到了200元/亩以上。

4.2.3 丰城市富硒土地流转情况

丰城市富硒土壤面积达524.7平方千米。近年，丰城市委市政府提出，把富硒低碳产业作为“现代农业发展的突破点，实现农民增收的支撑点，新农村建设的新亮点、鄱阳湖生态区建设的链接点”来抓，作为中国生态硒谷产业发展的方向。规划建设了占地45平方千米的中国生态硒谷现代农业示范区，并获得了江西省现代农业示范基地、鄱阳湖生态农业示范基地暨省级科技特派员农村创业基地和江西省农业科技园区建设先进单位、国家农业产业化示范基地等荣誉称号。

通过土地流转，采取“公司+基地+农户”的形式，实行富硒基地连片标准化生产，富硒高产油茶规模达到1.1万亩，富硒中药材5000亩，富硒水稻达到5000亩，富硒雷竹达到300亩，富硒蔬菜达到1000亩，富硒果园达到600亩，养殖富硒有机牛的富硒天然草场达5000亩。土地流转水田年租300元/亩，旱地年租200元/亩，山地年租60元/亩。

据政府的统计资料（2011年），农民增收明显。富硒土壤开发利用后，当地一些农民通过土地流转，每年收取土地流转款达460万元，实现农民家门口就业达4660多人，直接经济收入5900多万元。随着富硒有机大米在香港市场卖到18.29港元/斤，草莓卖到20元/斤，富硒产业区农作物价格普遍升值，稻谷从95元/100斤增加到115—120元/百斤，红薯从0.4元/斤增加到1元/斤等，带动农民增收约1亿元。农民将部分土地流转出去后，又从土地流入方获得土地经营管理岗位。泉溪村城上组村民刘刚玉，管理200亩富硒水稻收入3万元，自种富硒水稻50亩收入1.5万元，种植花生、红薯等收入0.5万元，上级各种补贴收入672元，年收入达50672元。

4.2.4 樟树市三皇中药材种植合作社情况介绍

樟树市由政府部门推动，于2007年3月注册成立樟树市三皇中药材种植专业合作社，目前各项章程制度、运作模式都已完善。至2011年，有社员105人，农民占86%，分布在樟树市13个乡镇。合作社中药材种植面积有3.8万亩，其中流转种植面积为2.1万亩，主要种植品种为传统道地药材“三子一壳”，其中吴茱萸1.9万亩，年产量450吨，产值达1650万元；黄栀子1.36万亩，年产量1360吨，产值达2900万元；车前子1600亩，年产量160吨，产值达256万元；枳壳2900亩，年产量430吨，产值达700万元；小品种有金银花、水半夏、天门冬、玉竹、厚朴等900亩。

农户从流转给合作社的土地中每年可得到流转效益平均达120元/亩（山坡地），加上合作社针对社员产前、产中、产后的技术信息、跟踪服务，使农户的种植技术逐年提高，效益逐年增加，据统计每年从事药材种植可增收20%掀起新一轮种植中药材高潮。通过几年的运作，合作社逐步统一种植技术标准，统一采购生产资料，统一初加工标准，统一信息服务，统一商标包装销售。通过土地流转的规模化，以及组织的规模化、企业化运作，实现了产品与市场的有效对接，并且这种合作化的模式，农民的主体性较强，每个农户都是合作社的主体的一份子。这就很好地避免了单纯由资本控制，使农民单向地处于受雇用地位的弊端。

4.2.5 上述案例的社会生态成本评价

上述有关农地流转的案例，其共同特点是以行业为联系纽带，由政府牵头，以协会、公司的形式，形成纵向一体化的组织模式，这为实现产业化发展打下基础或是基本实现产业化运作。从交易成本分析，这些组织大部分比单个的农民主体在市场竞争中，具有更大的谈判优势，通过谈判地位的上升而节约交易中地位不对等导致的成本。当然社会生态成本不等于农民私人成本。但是根据短板理论，农村是被现代化遗忘的角落，农民属弱势群体，因而三农问题是现代化的短板问题，节约农民的交易成本，即节约了交易的社会生态成本。而典型的是丰城的生态硒谷，通过纵向一体化，将农业生产并购到公司中，使农业生产成为农业产业化内部的一个环节，从而减少了供求风险，节约了总体的交易成本（如公司方对原料等货源的搜寻成本，以及农民对于农产品寻找市场的搜寻成本等）。

但是一旦决策错误，土地资源按照某项目规划而没有成功，则由于资产专用性，可能使土地资产无法恢复到原来的状态，从而导致更大的土地资源浪费成本和农民的风险成本。因而上述的案例，虽不乏很多成功的例子，但是失败的报道也屡见不鲜。笔者查阅宜春市林业局和油茶局设立的门户网站“油茶网”（http：//www. youcha. gov. cn）上的相关信息，发现多为2010年前的政策法规、招商引资等相关内容，几乎没有最新的新息，反而一些失败的例子，见诸媒体[①]。当然笔者还亲聆某县某乡（这里不便于直接用真地名）农民口述，在他们所处的乡镇及其邻近乡镇，2011年由于响应政府号召，为了建立项目需要，与某公司签订农地租赁流转协议（农民并没看到协议）。结果某公司并没有开发什么农业项目，农民也没有得到任何租金，反而土地荒芜了两三

① 例如，大江网及《新法制报》2010年报导2002年袁州区开台镇2000余亩的油茶林被砍光，以改造成高产林，结果造成8年过去了，高产茶林颗粒无收。为此，对于2010年的新一轮的油茶热，提出冷思考。参见 http：//jiangxi. jxnews. com. cn/system/2010/07/13/011428265. shtml。

年之久。县政府为了息事宁人，责令乡镇政府想办法补偿农民损失。而据农民反映，这种所谓的公司签约，目的是骗取国家的项目支持经费。由此，在土地流转问题上，政府雷厉风行，直接干预经济生活，并取得一定成就时，我们仍然要反思漠视市场的均衡作用导致的风险成本。“政府作为”在多数情况下，也应该是建立在一定的市场需要基础之上，正因为大多数情况下农民有土地流转的市场需求，才可以使政府主导的基地建设开展下去。但是政府并不是万能的，真正项目的主体应该是农民。市场经济条件下，只有农民为自己经济行为的损益负责，那么才能够使政府不用承担无限责任，在经济大潮的风险中，不至于影响社会稳定。

上述关于宜春市油茶产业基地建设任务分解的例子，体现了宜春市以茶油产业发展为目标的山地流转，政府主推发挥了重大作用。但如前所述，它的政策执行也是在中央政府和省级政府的相关政策精神的框架下，在中央及省级政府的指挥棒下运行，即由顶层设计，基层执行。道理很简单，上级政府乃至中央的财政扶持政策是既定的，那么其他地区可能是竞争单位，上级的扶持资金可给此地，也可给彼地。在这种地域竞争格局下，加之地方官员的政绩考核机制与此关联（不想做出成绩的官员不是好官员，这一点无可厚非），因而，在土地流转问题上，多由政府大力推动，这一点宜春市只是全国的一面镜子。这种由政府主导的农地流转，其优点是有很强的执行力，不需要同多个农民谈判，能够快速地达到规划的目标，因而从产业目标的实现来说，大大节约了交易成本。如果光从局部区域来说，政府借机出动，为本地区争取更多的项目支持，至少从本地出发，有利于优化当地社会生态的基础。从我国农村普遍较穷的现实出发，首先争取外援，使当地经济得到发展是明智之举，即在既有制度环境下寻找最优解。但是，从中央政府或上级政府来说，这种项目资金补贴，由于缺乏绩效考核标准，可以说对经营主体监控的成本过大，导致一些专业大户通过农地流转，经营几千亩之巨的土地，以专业化经营为名，争取国家补贴为实，甚至消极经营，导致土地低效利用，这就大大违背了政策的初衷，结果适得其反。如果上级政府改用另外一套补贴方式，即对产品直接进行补贴，而不是针对土地面积，可能会增加土地流转和利用效率。

不管何种形式的土地流转经济行为，要把它放到社会生态系统中进行绩效状况的评估，前提是要有一套测评体系。但是，这种测评到目前为止还没有形成一个统一的标准。对于生态环境指标体系的测评，有生态足迹法、能值法等等，但是社会生态不等于偏重于人与自然关系的一般意义上的生态环境，自然环境只是作为社会生态的基础而存在，或者说可归于社会生态的一个方面去理解。而涉及测评体系量化的方面，社会层面的指标比自然环境指标具有更大的主观性，而不同地区、不同的历史时期，其社会生态状况是不同的。这种状况究竟如何量化，在经济学学科本身发展和完善中，逐渐地把绿色 GDP、人的幸福指数等纳入指标体系中，对社会生态指标的设定有其参考意义。而生态文明的要求，包含了前述人与自然、人与社会两重关系的和谐，因而，也可直接套用生态文明状况的指标体系核算社会生态问题。根据环境保护部总工程师万本太的生态文明指标测评体系，具体为先设定涉及自然环境和社会状况各项指标，并对这些指标根据不同的权重赋值，以此类推，系统、子系统的体系层也赋值，然后归一化计算生态文明的指数值。其生态文明指数 ECI 的算公式如下：

$$ECI = \sum_{i=1}^{m} X_i \sum_{i=1}^{n} W_{ij} P_{ij}$$

此式中 X_i 为第 i 个子系统的权重；W_{ij}为第 i 个子系统第 j 个指标权重；P_{ij}为第 i 个子系统第 j 个指标评价值。最后将 ECI 值（一般是 1—100）分成几级，并对应优、良、一般、较差等综合评价的几个等级①。在该评价体系中，分为“生态经济体系”“生态环境体系”“生态制度体系”“生态文化体系”“人的全面发展”“两型和谐社会体系”等六个方面，各个体系又由比较详细的二级子指标体系体现出来。从本研究的视野看，这些体系中不外乎两层关系：一是人与自然的关系，二是人与社会（人）的关系。

上述对宜春市级产业规划下的农地流转及其辖区内三个典型地区农地流转的相关调查，其生态绩效如何评估？先可以初步地用现时的 ECI 减去农地流转行为之前的 ECI。如果是正值，说明农地流转取得了社会生态绩效，如果是零或负值，则说明农地流转没有社会生态绩效或是负绩效。由上述宜春三地调查可知，从自然资源、环境或是生态经济指标来说，这种由政府推动（注意政府推动与政府强推有本质区别），大部分情况基本能顺应农民需要的农地流转，能加速农地流转量的扩张，使更多的土地资源向高效的方向配置，使土地更能集约利用。这等于是节约了土地资源，并且节约了谈判的交易费用。而在

① 万本太：《生态文明建设评价的思考》，《中国环境报》，2011 年 12 月 8 日。

以“生态”为主题的经济实体的经营过程中，采用公司加农户的形式（如丰城市的生态硒谷），更有效地促进了农业、工业的物质循环，减少了有害废物（如农药）的排放。从社会生活和社会关系来说，基于农业产业化的农地流转，一方面可以实现农工对接，另一方面可以很大程度使当地富余劳动力就地就业，一定程度减少了夫妻分居、老人和儿童留守、农村社会空心化等造成的社会成本。而以行业协会为主题的农地流转与整合，则可以充分发挥集体组织的力量，形成聚集效应，以市场供求为生产依据，并增加农民市场谈判能力。因而大体说来，从这两个方面的改进意义来看，发生在宜春的农地流转行为的社会生态绩效较明显。

但是，在农地流转后的现状与过去对比的基础上，我们仍然要进一步从几层关系是否协调方面追问社会生态成本问题。第一，未来的社会生态状况如何，特别是涉及工商业企业资本进入的土地流转项目，其土地发展空间在农民和资本方之间的分配是否合理。在目前社会分配不公，基尼系数不断拉大的现实背景下，会不会有未来社会分配失衡进一步加剧，从而加大公平与正义的缺失成本、阶层冲突成本以及政权维护成本的可能性。第二，政府特别是中央政府的龙头企业、补贴政策是对农民有利还是劫贫济富，有没有可能加剧市场不平等竞争，增加一般主体经营的交易成本。第三，农地流转的社会生态绩效源于主体行为，那么有没有更好、更符合生态优化的政府行为和经济主体行为模式可供选择。如果目前的方法可以获得 5 个生态效率，那么有没有可能做得不够，或是错失了可以获得 8 个生态效率的机会。如果有的话，那等于行为选择相对造成了 3 个生态绩效的机会损失。为此，通过对调研材料的分析，本研究认为，政府如果着眼于市场，充分尊重农民的市场主体性，将行政命令式的任务分配变成搭建公共服务平台，服务于市场，虽然暂时可能发展慢点，但可能更符合社会生态可持续的规律。第四，如何解决有机农业（如丰城富硒农业）的生态环境保护性与低产导致逆社会生态性之间的矛盾。如果一味地反对化肥农药及转基因，由我国目前的耕地数量和质量状况，以及有机农业产量（以亩产 100 公斤为例）与石油农业产量的差异可见，在不进口粮食的前提下（考虑到不能形成进口依赖），我国目前可能不能解决温饱问题。当然不同于农地转为建设用地的非农化流转，以有机农业产业化驱动的农地流转往往是可逆转的。

5 农地及其流转现实问题的社会生态成本分析

5.1 产权制度短板与投机行为下的社会生态困境

如前所述，中国的土地问题，不仅是经济问题，也是政治问题。长期以来，我国土地经济活动，不外乎两个主体，一为政府主体，二为农民主体，而相关商人多是政府的代理者或是有政府背景者。与此相关系，中国土地产权制度安排，一方面农地转化为非农用地的过程中，通过国家（政府）征地，将农村集体土地变为国家所有的土地，然后由国家垄断土地一级市场。其实排除了以农民为主体的市场配置农地资源的作用，这种农地非农化流转的征地制度，是以模糊的产权制度为前提，是顺应中国发展方式——低成本、快速工业化城市化的需要。现行农地制度安排，从国家或是政府角度考量，免除了同多个农民谈判的时间成本和经济成本，它似乎符合节约交易费用的要求。但是，随着经济社会的发展，在经济转型后期，一些隐性的交易费用显露出来，包括资源和环境成本、社会冲突导致的维稳成本、官僚主义成本、政治诚信成本等等。并且随着产业升级的需要，这种方式越来越不适应时代的发展。现行农地制度安排反映了政府与农民或说政府与市场的关系（农民为市场主体），而值得一提的是，理顺产权关系是理顺政府与市场关系的前提。党的十八届三中全会提到，城乡建设用地同地同权，但是在目前农村土地集体所有制没有变化，集体主体及集体成员的界定仍不清晰的前提下，这个制度的落实无疑会提供很多可任意解释的空间从而导致交易成本的增大。

在目前农地产权主体模糊的状态下，农地资源配置的逆生态问题，突出地表现为美国学者哈丁（Hardin）所讲的“公地悲剧”现象。公地悲剧的产生，以制度理论视之，是产权不清所致。在一些公共资源领域，因为产权界定困难，经济主体明知道对于自然资源的过度使用会导致生态恶化，最终会导致所有相关者福利损失，但是任何人又无法阻止他人过分地使用这些资源，最终决定了每个人的理性选择就是尽可能多地去使用这些公共资源。如过度使用农地而不是保护（反正土地产权不归己），各级政府征地大竞赛等。为此，必须完善相关制度，将生态作为成本纳入到评估体系，使土地资源配置在生态成本约束条件和生态优化的目标下运行。

5.1.1 农地产权主体不清下的投机行为

如前所述，我国农地产权制度的核心内容是农村土地归农民集体所有。而集体究竟所指是村民小组、行政村（村委会）还是乡镇，并不清楚。如果说是村委会所有，那乡镇政府也往往有很大的控制力，如在集体土地上建立乡镇企业，或有时由乡镇政府牵头，在集体的土地上建立“小产权”房。而从土地是“祖业”的角度看，则土地为以某一姓氏为单位的自然村，或以自然村为单位的村民小组所有则更为妥当，但是，村委会的控制力特别大，村委会作为土地所有者的代理非常明显，特别是在城郊土地非农开发较多的地方更是如此。如华西村，在吴仁宝的带领和组织下，通过土地规划为基础的运作，走向了工业化商业化致富之路。但是不管如何，即使是村委会作为代理，当政府要征地，村委会也无法保证村民的土地不被征用。从这个角度来说，所谓村集体所有，实为国家终极所有。正是这种产权不清的混沌状态，形成了广泛的投机空间。可以从以下几个方面详述。

（1）政府与商人的投机

首先是政府和商人两方的投机，乡镇基层政府和村两委因为其在农地权益问题上的角色，兼有政府和农民代表的属性。从一个角度看，可作为政府一方去分析；从另一角度看，当涉及与自身相关的地方利益时，可作为农民一方代理人去分析。现行征地制度下，政府作为具有经济人理性的组织，总会出于成本考虑，以相关法律法规为后盾，以很低的补偿标准向农民征收土地。在城市建设和工商业招商引资活动中，宁可征收农地，也不愿去利用和整合城市存量土地或老街区，以降低成本。众所周知，中国人均土地资源特别是耕地资源非常紧张，尽管国家划定了18亿亩的耕地红线，但是，一方面随着建设的加快，建设用地的缺口本来就很大；另一方面，中央与地方的目标不尽相同，中央作为全社会公益的代表，要求保护耕地以维护社会稳定，各级地方政府在保护耕地问题上却职责边界不清。而由于农业的弱质性，农业虽然承担了国家粮食安全的重任，它对于地方财政收入和地方的GDP贡献不大。由于分税制以及项目审批制度，地方存在竞争，在以大规模的农地非农化为基础的项目启动过程中，往往会大量地争取国家的配套资金，即土地吸附国家资金的力量加强，从而增加地方土地的附加值。而农业作为社会生态的基础，并未因为经济效益低下而得到额外的生态补偿，或者说生态指标没有考虑GDP的内涵。

作为商人一方，在趋利性的经济决策行为中，同政府的目标几乎相同，以投入产出最大化或者说成本最小化为目标。因而，商人在利用土地进行工商业活动中，总是倾向于使用低价的农地，而不是价格高昂的国有土地（一般是城市储备土地）。甚至不惜违法以投机，如将农地非农化规划的商业用地运作成住宅用地，或干脆直接与农民私下交易，以降低通过正常渠道所需的交易成本（即违法的成本大大小于正常渠道的成本），从而形成了工商业者广泛的投机行为。

（2）农民与市民的投机

如前所述，农民的土地权益法律规定不清，无法形成长久预期。这导致农民在农业生产过程中，总是倾向于榨取式使用土地而不是保护，没有改良土壤的积极性。以鄱阳湖平原为例，笔者在江西省新建县鄱阳湖地区调研，与老农民访谈，得知在大集体时期，许多大队（村）每年会组织农民在农闲越冬时去鄱阳湖草洲上割草，而后以船载回村里，施于稻田里做“绿肥”使用，并且还会种上红花草，通过有机肥的使用改良土壤。但之后特别是近年，这一带农民几乎连红花草也不种了。农民的投机行为，不仅表现在对农地的使用上，还表现在设法改变土地用途，如将粮田改种经济作物、私自到责任田上建房等。而在城中村或是城郊，以乡镇政府和村委会牵头，在农村集体土地上开发的“小产权房”，更是农民与国家争利的机会主义表现。最为明显的是，在城市的周边地区或是城中村，农民往往在自家的房屋上突击加层，以扩大建筑面积，以获得更多的房屋租金，甚至以期有朝一日在政府拆迁时获得更多以面积为依据的补偿。这样，在许多城中村，由于加层高，建筑密集，到处是“一线天”，许多居民楼的阳台终日不见阳光，“脏”“乱”“差”及安全问题突出。

值得一提的是，在现行农地非农化的征地制度下，城市泡沫式发展。在房地产泡沫越吹越大的情况下，“实业”由于资金转向投机而发展不景气。在一般的民众中，有条件的工薪层都加入到炒房一族，有时投资一两套房可能胜过一辈子的工资收入。相反，即使在同一单位上班，干同样的工作，由于有人抓住了“时机”先买房，甚至先通过银行贷款买几套房而先富起来了，有的人误失“时机”，最后连自己买房安家都困难，最终导致不少人心理失衡。由此，在农地非农化和城市化的过程中，几乎形成了全民投机的社会心理。而这种投机需求，反过来又刺激农地的过度非农化，加剧生态失衡。

5.1.2 投机行为下社会生态交易成本

产权制度是人对物的关系的法律化规范，虽然体现人对物的权属关系，但事实上人对物的关系又在很大程度上反映人与人（社会）的关系。以马克思主义观之，作为生产资料的产权安排方式（生产资料所有制），甚至决定一个社会的根本制度。正因为农地产权主体不清，兼有国家国土资源属性和农民财产属性的农地相关主体——政府与农民之间，或是其他利益相关者为了各自利益的最大化，造成农地资源流转和使用过程中过大的社会生态交易成本。表现在人与自然、人与社会两重关系以及各重关系下的亚关系失衡，使土地资源遭受破坏（可理解为交易的现实物质成本）、社会利益关系推移（可理解为交易的社会冲突及维稳成本）、可持续发展受到挑战（可理解为未来发展机会成本）。

第一，自然资源和环境的租值耗散。农地本身属自然资源，是自然环境的载体之一。农地的生态功能，如太阳能中转、农业景观、粮食安全、保持水土、固碳以及维持生物多样性等，已经形成共识。这些功能价值，在新制度经济学的视野中，可以理解为“租值”。在产权的财产保护功能和排他功能不到位的情况下，增大了经济主体为争夺“租值”而投机的空间。无序的投机行为，使土地资源粗放经营、管理无序，使生物多样性锐减，粮食安全的风险成本加大，即发生租值耗散。具有公共资源属性的农地资源的租值流失，实为经济活动中的社会交易成本，必将从总体上降低公众的福利。

第二，政治生态困境。政治生态是社会生态的亚系统，现行土地制度下的政治生态危机，首先表现为土地资源本来就非常稀缺，而在其配置使用的过程中过分“透支”导致政府治理的不可持续性。目前的农地非农化征地过程中，从中央政府的目标来看，一方面要保证工业化城市化的发展，需要征用土地，另一方面，又有保证生态环境和粮食安全的公共职责。但征地的实际操作者在地方政府，原因在于地方政府掌握了比较完全的信息。保证耕地的储备量，是地方政府的义务，但是农业的产出远远低于房地产及工业的产出，而保护耕地，从地方及地方政府自身来说，似乎更多地表现为“尽义务”。而过度开发，从生态的角度看，实为地方及地方政府为自身的利益而将活动的外部性强加于全社会。从土地财政来说，土地出让金收入占地方财政收入的比例连创新高，2010 年高达 76.6%，由此可见地方政府对土地财政的极度依赖①。而 2013 年，全国土地出让金超过 3 万亿元，创历史新高②。可想而知，这种没有实业支撑的财政数字，隐藏着多么可怕的危机。而当“土地 GDP”“土地财政”无以为继的时候怎么办？我们不然忽略体制上的这样一个事实，官员自己的任期是有限的，多数情况下短短的三五年便会升迁或者调离，至于后面的问题，似乎是后任者考虑之事。因而，决策行为导致的交易费用——未来不确定性风险往往不用决策者承担，即决策者个人或团队决策的私人成本小于社会成本，助长了一锤子交易的心理。

其次，在征地的过程中存在权力寻租现象。这从目前土地腐败案在全部腐败案中的比例和金额可知。如前所述，土地权益关系存在着许多的“不清”，这就为个别政府官员寻租提供了操作空间。这些腐败现象，不仅影响了正常的投资环境，还蚀化了社会道德，使投资的交易费用增加。

第三，社会协调性困境。学术界对改革开放后出现的拜金主义、功利主

① 《2010 年土地出让金占地方财政收入的比例高达 76.6%》，《南方周末》，2011 年 1 月 13 日。

② “2013 年全国土地出让金超三万亿创历史新高”，中新网，http://finance.chinanews.com/house/2014/01－03/5692340.shtml。

义、享乐主义、社会缺乏诚信等社会问题多有批判，并且把这些原因多归结为市场经济的负面作用。本书认为，这些社会问题的根源不在市场本身，而在于市场不完善。如前所述，现行农地制度下，由于以行政权力推动为主，在制度扭曲下市场流转不足，留有太多的投机空间，造成全社会的投机心理和普遍的投机行为。而这些投机现象，从道德层面来看又有反面的示范效应。另外，在农地非农化征地的政府行为中，一则农地农民主体权益没有法律保障，二则我国司法本身与行政的边界模糊，司法不独立，在发生纠纷时，农民并没有与政府对等谈判和打官司的权利，这样引发了众多的社会问题，使社会可持续发展遭到挑战。

首先，普遍投机造成严重的贫富悬殊和不公。问题在于投机者的财富不是通过劳动或是正常创业所获取，中国富豪榜中有很大一部分是从事房地产或与此有关的行业，而在一般的市民中，有房和没房、早买房和晚买房（晚买房者很大一部分是“房奴”），甚至是决定其贫富的分水岭。令人匪夷所思的是，2011 年全国千万富翁中，炒房者竟然达两成①。而 2014 年初公布的数据，在全球十大地产富豪中，中国人占 7 位②。房地产投机品充当了社会分化器的角色，导致了很鲜明的贫富差距。而社会最大的不公表现为：城市化过程中通过征收（用）农地，获取高额土地出让金，而这些土地出让金补偿给农民的太少，也没有用作农村建设，这样加速了城乡差距。另外，社会生态是以自然生态为基础的，这种投机的需求，背离了房地产实际作为满足居住效用的物品属性的内在的供求关系的信号，使投资或投机意义大于实际使用意义，成为纯粹的虚拟经济。而在这种“旺盛”需求的现象下，提供的信息是“加快房地产开发的力度，满足更多人的住房需求”，这又反过来进一步加剧农地非农化的速度，危及人与自然的生态关系。

其次，包括农地非农化在内的土地炒作的结果，使房地产价格过高，在日常商品交易过程中直接影响到民生。由于厂房、店面租金太高，致使商品和服务的价格，在很大程度上要承担地租之负担。

第四，文化生态困境。在现行的农地非农化征地制度下，一大批的自然村

---

① “全国千万富豪 96 万‘炒房者’占去千万富豪两成”，http：//news. xinhuanet. com/house/2011 - 04/13/c _ 121297435. htm。

② 《全球十大富豪中国占 7 席》，《京华时报》，2014 年 2 月 28 日。

被消灭，极大限度地挑战中国的传统文化。正如梁漱溟所言，文化是一个民族生活的习惯。而传统文化的记忆，很大程度保留在村落的生活中。一方面，由于文化的异质性，以及相关就业、福利保障等制度没有跟上，被征地的农民很难融入城市而成为城市的“边缘人”；另一方面，他乡的游子或是老家在乡下的城市人，无法感受到 20 世纪 80 年代费翔《故乡的云》中歌词所表达的情怀——来自“故乡召唤”的心灵感应。

第五，经济不可持续的困境。如前所述，现行农地制度，导致投机行为，造成自然生态破坏、社会生态失衡，恶化了经济进一步发展的环境。近年持续的物价高水平运行，特别是农产品价格上涨厉害，很大程度是与土地资源过度开发导致农用地越来越稀缺，以及运输所需的能源越来越紧张有关。而由物价上涨带来的民生问题，会触及敏感的社会神经。作为资源的生产要素由于稀缺，导致价格上涨外，另一大生产要素——劳动力成本，伴随着消费品价格上涨，也必定大大上升。

上述困境问题，又可概括为人与自然、人与社会（包括今人与未来社会）两重关系的失衡，实际上是土地资源配置过程中的制度问题导致的社会生态成本。社会生态危机使未来持续发展遭遇挑战，即过去以来集中在土地上的、社会生产方式不妥当导致的交易成本。这种危机的化解，迫切要求以土地确权的制度改革为突破口，以相关配套制为保障，并加强政府对农地资源的规制。

5.2 农地流转相关突出问题与两重关系失衡成本

社会生态系统是复杂的系统，社会生态绩效的提高，毫无疑问取决于短板问题的解决，这一点已成共识。前述产权问制度问题，是制度短板问题，它派生出一系列其他社会生态问题。这些问题内在地包含着人与自然、人与社会两重关系的失衡，即社会生态方面的突出问题。这种损失又呼唤制度改良，使两重关系向生态均衡方向重构。以交易费用观之，社会生态优化的制度改良成本，小于未来的生态收益，则制度改良是成功的。如果任由问题发生而不采取措施，社会生态将更为恶化，即会增加社会生态优化的机会成本。自然资源和粮食危机问题，以及农地自然生态价值无法实现等问题，都涉及人与自然的关系；农村妇女权益问题，新型城镇化战略下的农地流转遭遇过去城市化过程中征地方式的路径依赖问题，以及农民土地发展权缺失问题，又是突出的社会关系问题。这些现实突出问题又是社会生态的现实短板问题。只有将制度短板——产权制度问题以及现实短板问题结合起来，探索新的有利于两重关系及其关系和谐的制度设计，才能改善两重关系，更有助于农地流转向生态优化目标迈进。

5.2.1 自然资源环境与粮食双重危机下的风险成本

农地本身是自然资源，其自然资源的价值，在人地矛盾突出的中国更显突出。有关农地的自然生态价值，国外的学者首先关注。在 William Rees 及其学生 Mathis Wackernagel（1992，1996）看来，农地不仅本身有生态价值，它还是其他资源环境承载力的尺度或参照物。他们提出“生态足迹”理论，用人类消耗的能源折算出包括林地、耕地（农地之两种）等在内的五种形态的面积，以考量环境承载力①。而一般认为，农地的价值包括生产、生活和生态三种（刘鸣达，2008）②。对于农地的农业生产价值和社会生活价值的认识，无多大争议。而农地的生态价值，随着生态危机的日益显现，以及农村土地的日益减少，已渐渐为学界共识。

尽管农地的生态价值已为共识，但目前仍然呈有“认识”无“意识”的状态，主要表现：在以商业营利为目的的农地非农化经济行为中，以征地的方式，使农地过度非农化，导致生态环境破坏，并造成城市发展泡沫化，实则浪费土地资源。农地过分非农化以及农业经营方式的不当，使生物多样性锐减、农业环境污染严重、土地质量下降。而在目前全球的饥饿问题仍然严重的现实背景下，作为世界上最大的发展中国家的中国，人均耕地约为世界平均水平的30%，加之中国气候不稳定，自然灾害频繁，我们应具有危机意识。虽然目前我国几乎不存在饥饿问题，但是粮食安全的忧患意识仍然要加强。饥饿问题根

---

① Costanza R, d'Arge R, de Groot R, Farber S, Grasso M, Hannon B, Limburg K, Naeem S, O'Neill RV, Paruelo J, Raskin RG, Sutton P. The value of the world's ecosystem services and natural capital. Nature, 1997, 387: 253 – 260.

② 刘鸣达等：《农田生态系统服务功能研究新进展》，《生态环境》，2008 年第 2 期。

本来说就是土地问题，因而防止农地过度非农化的流转，抵制土地投机，保护好农地特别是耕地仍然很有必要。在当前的农地制度以及当前的发展方式下，农地过度非农化流转导致的耕地破坏以及粮食安全等自然生态风险，实为农地非农化流转交易的不确定性风险成本。而这种成本以存量农地为参照，并随着存量农地的日趋减少而增大。

5.2.2 农地自然生态价格实现困境与环资维护交易费用

农地有生产、生活和生态功能，因而它内在地有其经济价值和社会价值，但它并不一定能够显化为具体的价格。因为农地不仅是农民的财产，而且是自然资源，因而农地的价格，也不仅仅是经济活动中形成的、关乎经济效益或是经济效益预期的价格，还有政府直接定价的因素。例如，相关法律规定政府征地对农民的补偿标准，实际上就是国家定价。人们的关注点大多只是限于征地经济补偿的价格对农民来说是否公平，而农地的生态价格则置于被忽略的地位。本部分以产权理论为依据，探讨农地的生态补偿价格如何形成，这种补偿价格归属于哪一主体，并提出合理的农地生态价格补偿机制。

（1）农地自然生态价值共识

鉴于农地自然环境属性、国家资源属性、生产要素属性和社会关系属性，要以人与自然环境、人与社会、农民与国家多重关系和谐的生态发展视角理清农地资源配置（无论是否流转）过程中相关主体权属关系问题。因为生态问题是公共性问题，而产生生态价值的农地经营活动又是私人经济活动过程，因而农地生态价值显化为价格的前提，是打破目前生态价值实现为具体价格的迷雾状态，理顺生态价值的产权关系，并以政策法规的方式具体化为硬性的规定。要明确谁是生态价格支付主体，谁又是应获得生态价格补偿的主体。

从研究现状来看，农地生态价值为学界共识。农地本身有生态价值，国外的学者关注较早。William Rees 和 Mathis Wackernagel（1992，1996）提出“生态足迹”理论，把农地当作其他资源环境生态承载力的尺度或参照物之一①。

① William Rees and Mathis Wackernagel. Urban ecological foot prints：Why Cities Cannot Be Sustainable - And Why They Are a Key to Sustainability［J］. Environmental Impact Assessment Review，1996，16（4～6）：223－248.

毫无疑问，能够充当价值尺度的东西，其本身就有类似的价值。与此类似，R Costanza（1997）主张包括农地在内的自然资源生态功能的核算方法，以使自然资源生态服务功能管理合理化①。随着粮食安全问题的日趋严重，以及工业化城市化对土地需求与土地供应不足之间的矛盾越来越明显，中国学术界在理论认识层面对土地生态价值也越来越重视。张安录（1999）认为土地增值是城乡生态经济交错区农地流转的主要动因，其后果是大量优质耕地流失，从而农业成本加大、农产品价格不稳、农民弃种或兼业②。单胜道（2002）论述了环境资源价值在农地价格评估中的作用③。一般认为，农地的价值包括生产、生活和生态三种。吴振发（2004）从地景生态学角度，用美国农业部的LEAS评估方法，通过融合农地生产、生活和生态观念和偏好，以我国台湾兰阳平原为个案，对农地转的适宜性进行实证分析④。张燕等（2008）认为，应该将与生态环境效益相对应的价值纳入到耕地非农化流转的成本中，由此也就有必要测算耕地的生态环境价值。提出生态价值测算的两种模式：其一是直接用他人研究生态系统所得生态环境价值数据（异地数据）估算待研究区当地耕地的生态环境价值；其二是根据田块的当地实际监测值，用一定的模式计算当地耕地的生态环境价值⑤。此外，不少研究关注到农地在维持生物多样化、固碳固水、社会文化承载等方面的生态功能。

上述相关文献的共识是，农地具有生态价值，将生态价值纳入农地价格评估和测算范围被广泛认可，而这个价值如何实现为价格并具落实到具体主体，却值得更深入探讨。

（2）农地生态自然价格迷雾

从生态产权不好界定的现实来说，农地生态价值如何表现为价格呈“迷雾”状态。

---

① Costanza R, d'Arge R, de Groot R, Farber S, Grasso M, Hannon B, Limburg K, Naeem S, O'Neill RV, Paruelo J, Raskin RG, Sutton P. The value of the world's ecosystem services and natural capital. Nature, 1997, 387: 253 - 260.

② 张安录：《城乡生态城乡生态经济交错区农地城市流转与土地价值增值研究》，《华中农业大学学报》（社会科学版），1999年第4期。

③ 单胜道：《环境资源价值评价方法在农地价格评估中的应用》，《国土与自然资源研究》，2002年第2期。

④ 吴振发：《农地转用方案之地景生态效益评估》，《经济法制论丛》，2004年。

⑤ 张燕、张洪、彭补拙：《我国耕地价值研究现状概述》，《土壤》，2008年第1期。

虽然农地的生态价值已为共识，但是目前在农地流转特别是非农化流转过程中，对生态价值的考虑更多只是在理论上“纸上谈兵”，而少有通过价格变现付诸实践的情况；而对于正在进行农业经营（没有流转），或是虽然流转，但是没有改变使用属性的农地，其经营活动发生的生态价值，并不像是自然界中的空气一样天然形成，人们发生了效用而无需为之付费。农地的生态价值是由农地主体在农业经营过程中生产出来的，凝结了人的劳动。从理论上来说，生态价值由提供者向获得效用者发生了转移，但这个价值却被置于公共领域，没有人得到报酬，也没有人付费。如果生态价格在量上能够估价或者说直接由政府设定一个价格，那么这个价格毫无疑问是由效用者支付给生态维持者，或是土地受让方改变土地性质造成生态功能缺失后支付给受损方。

价值是价格的依据，价格是价值的表现，价值是物品所固有的，价格则在产权流转中才会显现出来，即使具有生态价值的农地不流转，其生态价值从生产者（农民）到效用者（公众）的传递，事实上也是发生着流转。农地的生态价格是农地生态价值的表现形式，正因为农地有生态功能，那么农地便有生态价值，则取得这种生态消费效用的主体就必须付费，而生产这种价值的主体就必须得到价格补偿，这就是生态价格的依据。上述列举的相关文献在体现价值共识的同时，仍然存在着两点问题：一是这种价值如何转化为价格并得到实现；二是农地生态价格的主体具体落实到谁。

对于第一个问题，有关价值如何转换为价格，可以参照现有的一些研究成果，如生态足迹理论、能值理论等等，将价值以价格的方式量化出来；鉴于农地的公共资源属性，亦可直接由国家根据资源稀缺程度和环境恶化程度，仿照其他公共资源的方式，直接定价。而第二个问题，即便生态价值已经被设定为一个具体的价格符号，那么价格主体是谁仍然不容易界定清楚。原因在于：作为具有财产属性和生产功能属性的农地，尽管存在前述产权主体虚置的制度缺陷，但相对生态产权来说，其产权应该是清晰的，即土地作为财产的权益属于农民承包者，在权利的让渡过程中发生变更，其价格获得主体无疑属于原承包农民；而作为公共资源属性的农地，其生态价值体现在能在一个公共领域发生效用。这个效用要变现为价格，其支付者应该是将农地非生产化使用的农地受让方，这一点不会有异议。从理论上来说，生态产权属于公众，农地被破坏后，接受价格补偿的应该是公众，但具体支付给谁，这个主体还是不太清楚。即便是通过税收的方式，支付给理论上代表公众的政府，是哪一级政府有待于进一步界定清楚。即便是界定清楚了，政府作为公众理论上的代理，也存在信息不对称，在机制不健全的情况下，很难保证支付生态价格款项专款专用于生态补偿。而不容忽视的是，农地的生态价值不会自行产生，作为生产者的农民，在生态权益方面又怎么定位？从目前来看，这些问题纠缠不清。农地产权被置于公共领域，而要将这一价值实现为价格并落实到具体的主体，无论在认识层面还是在实践操作层面，均处于迷雾状态。并且，一些关系问题没有搞清楚，将大大增加生态保护的交易成本，影响保护效率。因而迫切要求界定生态价值的产权主体，使生态价值显化为能够落实到具体主体的价格。这样才更好地实现公平，保护好农地生态，使外部性问题内部化，实现农地资源利用效率最大化。否则，农地的生态保护由于激励不足，导致责任主体缺位而增加可持续发展的机会成本。正如公共矿产资源必须落实到一个代理者——企业法人组织一样，这个责任主体可以是农民，因为农民是直接的代理者。前提是国家必须给予生态补偿，这个补偿相当于平均收入之外的剩余索取，这样才能形成农地资源保护、环境维持的激励机制。

5.2.3 存量农地发展权缺失与农地保护悖论下的生态交易成本

顾名思义，农地发展权是农地相关主体通过农地增殖获得更高收益的权利。而更多见于通过农地非农化（改变农地使用属性）获得比之前更多收益的权利，或说土地“级差”变化所产生的收益权。我国土地制度的城乡二元结构安排，把农村建设用地和其他生活用地也纳入农地范畴，因而农地发展权除涉及农业生产用地外，还包含农村宅基地及其他农村建设用地、生活用地的发展权。一方面，在农地资源高度紧张的前提下，农地经营主体并不是对于农地“想发展就发展”，而是存在着生态安全和功能定位的硬约束；另一方面，鉴于农地作为工业化城市化用地的蓄水池，客观上国家有着对国土资源的配置效率要求，以及对工业化城市化建设的成本考量。目前，农地的发展权由国家（政府）主导，但相关主体（农民、政府或有关商家）如何具体分配发展权收益，不通过土地非农化的改变土地属性，是否存在发展权，如果存在，其理论根据是什么，等等一系列问题，从维护社会公平正义，增强资源保护力度和利用效率等方面来说，均值得探讨。

（1）观点回顾：对农地发展权探讨忽略了生态命题

有关农地发展权的关注，多从公平与效率的视角着眼，研究农地发展权的理论基础、公平视角下权益的分配方式、发展权制度安排的绩效等等。农地发展权命题最先来自于国外的研究和实施经验。而国内较早论及此问题的是孙中山，他主张由国家核定地价，涨价后归公[①]。但相关学术研究还处在起步阶段。在实践操作层面，我国目前还没有明确的农地发展权相关法律规范。

首先，有关农地发展权基本理论的研究，多见于从农地发展权的原理（如产权理论、制度理论等）去介绍，讨论农地发展权概念、问题与农地发展权确立的意义等等。臧俊梅等（2009）具体分析了农地发展权的含义、界定、价格、价值、类型及其价值构成、评估等一系列有关农地发展权的理论问题[②]。一些文献涉及农地发展权收益如何分配的相关理论问题。张霞等（2010）认为，农地发展权应由国家、集体经济组织和农民共有，为此要通过经济补偿、建立农民基本生存保障体系、对失地农民培训等方式，使农民获得农地发展权收益[③]。

其次，有关我国农地发展权具体实施现状和现存问题相关文献，主要有以下几种观点：一是对发展权利益分配的现实成因的解释。刘祚祥、黄权国（2008）认为，我国农地发展权是由农民、农村集体与政府长期博弈下的均衡解，因而“农地发展权分享”合约是既有约束条件下利益各方理性选择的结果[④]。二是对我国农地发展权存在问题的揭示。表现为农地发展权立法不足，缺乏明确规定（丁德昌[⑤]，2010；沈志远[⑥]，2011），以及农民农地发展权事实上的缺失。黄祖辉、汪晖（2002）[⑦] 指出了土地分类控制对农民土地发展权的约束，并且由于政府权力过大，农民的组织成本高和信息被动等原因，造成农民争取农地发展权困难。文贯中（2006）则认为在集体所有的产权制度安排

---

① 孙中山：《孙中山选集》，人民出版社，1981 年，第 838 页。

② 臧俊梅等：《农地发展权的价格涵义与价值分析》，《经济体制改革》，2009 年第 5 期。

③ 张霞等：《我国农地发展权的流转机制及农民分享实现》，《西南大学学报》（增刊），2010 年 5 月。

④ 刘祚祥、黄权国：《公共领域、农地产权与农民的土地发展权分享》，《甘肃行政学院学报》，2008 年第 2 期。

⑤ 丁德昌：《我国农地发展权的立法创设及对耕地的保护》，《内蒙古农业大学学报》（社会科学版），2010 年第 3 期。

⑥ 沈志远：《我国农地发展权制度的缺失、成因及其构建》，《经济论坛》，2011 年第 5 期。

⑦ 黄祖辉、汪辉：《非公共利益的征地行为与土地发展权补偿》，《经济研究》，2002 年第 5 期。

下，由于农民没有法律上的土地所有权，农民也没有退出集体的的权利，因而无论是农民集体，还是作为个体的农民，都没有参与工业化城市化发展过程，未享受土地作为资本所带来的发展和增殖收益①。三是在相关法律法规方面，众多学者认为并没有体现出农民的土地发展权分配。根据《中华人民共和国土地管理法》的规定，征收耕地的土地补偿费，为此耕地被征收前三年平均产值的6—10倍，另有青苗补偿费，以及农业人口的安置补助费等。但各种费用的总和不得超过土地被征收前三年平均年产值的30倍。以此为参照，具体由各省在一定的弹性范围内实施。这种上限的设定，首先从绝对数额来说就很少，耕地的收益低，以水稻种植1亩地扣除成本收入1000元计，以此为参照也不过3万元补偿，根本不足以保障目前社保不全下农民的未来生活和支付再就业的成本，同时也剥夺了农民土地财产的代际遗产继承权。由此可见，现行土地管理法规中的被征用农地的发展权益，并没惠及于被征地农民。

最后，对我国农地发展权设定的目标和建议。在上述农地发展权基本原理、现状研究及对相关政策解读的基础上，相关的研究者提出的农地发展权的目标不外乎公平与效率（包括耕地保护、粮食安全等社会公益效率）两个维度；对策和建议则多见于在上述提出我国农地发展权现状和存在的问题的基础上，针对这些问题提出解决或改善的方法。有的提出规范征地公益属性和非公益属性（黄祖辉等，2002），有的提出加强立法规范（丁德昌，2010），等等。即便如此，在城郊的农民由于土地被征获得补偿而致富甚至暴富并不鲜见，这种情况多见于在房地产价格畸高背景下农房拆迁后依据面积的市价补偿。这说明相当一部分被征地农民实实在在地获得了农地发展权收益。另外，随着土地矛盾焦点突出，学者及舆论界的呼吁以及管理决策层面的进一步认识，新的土地管理法呼之欲出，大幅度提高征地补偿金额以及农地入市是可能的。

总之，相关研究和政策文献较多地关注于直接被征地的农地主体公平获取土地发展权收益问题，以及通过发展权的设定，提高政府征地成本，平抑地方政府征地冲动，从而保护农地并提高土地资源配置的社会效率等问题。在相关学术研究和社会舆论的推动下，上述关注的农地发展权相关问题也引起了决策层的重视。而对于存量农地特别是自耕农（或曰家庭农场）持有和正在经营的农地发展权问题则在理论上鲜有论及，在实践上也做得不够。农业经营主体

---

① 文贯中：《土地制度必须允许农民有退出自由》，《社会观察》，2008年第11期。

的农地发展权缺失，不仅不利于社会公平，也不利于生态保护。因而，无论是理论研究，还是政策实践，农地发展权问题都应突破非农化发展方面的单一视角，更要关注正常农业经营主体、农地限制开发区及其地方政府的农地发展权问题。这在目前生态约束（如功能区划、粮食安全等）以及农地保护状况严峻的现实下，更有利于基于社会公平与效率均衡的农地管理机制的形成。

（2）现实困境：农地保护与农地发展权收益的悖论

在土地市场完全开放的情况下，土地在不同部门利用，其边际收益会趋于相等并达到最优配置，即 $MR_1 = MR_2 = \cdots = MR_n$。但是，鉴于土地的国家资源属性，围绕着农地的经济活动有很强的外部性。加之耕地资源不足、农业比较效益低下，政府对土地的规划职能和用途规制必不可少。此背景下，获得比较效益更高的非农化发展机会是有限的。但相比世界发达国家，我国工业化城市化仍然有很大的差距，作为工业化城市化承载基础的土地资源严重不足。因而，农地除农用外，事实上还充当了国家建设用地的“蓄水池”，政府征地方式的农地非农化还在严峻的现实中继续。功能区划以及耕保护的相关规制政策限制了农地向高性价比的非农方向流转，对农地发展权形成约束，由此形成了农地非农化发展机会的竞争。

但是，我国长期以来以 GDP 为政绩考量标准，而农业对 GDP 的贡献很小，加之分税制下的地方利益驱动，这就决定了对一定地区来说，农业生产不及工业生产，工业生产不及商业活动，商业活动不及房地产开发。土地经济注入投机的因素而越来越虚拟化，并挤压农业、工业特别是种植业等实体经济的发展空间。从地方政府层面来说，在“理性政府”主导下的“开发区热”中，农地被粗放开发而少有保护；从农民来说，由于种植的机会成本越来越大，有些农民将土地抛荒而外出打工，但在他们的心里，与其让土地抛荒，还不如被国家征地，总可以获得一定补偿。但是，越是优质的耕地，被征地的可能性越小，这样，就形成了对农地越保护越穷与通过农地非农化获取发展权收益而致富的悖论。

作为社会公益代言者的国家（或是说中央政府），其政策精神总是倾向于从公共利益出发而“节制”开发，并实行宏观管理和总量控制，通过 18 亿亩耕地红线的划定、划分土地功能分区和基本农田保护政策等等措施加大保护力度。但是，没被开发的农地（存量农地）经营主体，依然坚守在土地上从事比较效益低下的农业生产，这样形成很大的不公，导致农民保护耕地的积极性受挫。同样，以农业为主业定位的地方，因产业和分工处于“低端”而落入很难翻身的“落后地区”的困局中。因而对农民来说，保护优质农业生产用地特别是耕地所产生的收益小于保护的成本，优质农地保护的动力不足；从社会公益来说，导致资源低效利用甚至遭受破坏，实为社会生态交易成本。尽管在一些生态良好的地区，立项了国家生态战略，但是在经济发展与生态功能控制中，存在着冲突。以鄱阳湖生态经济区的国家战略为例，作为传统的国家商品粮基地的鄱阳湖平原，以“稻作文化”为其诉求，但是农业的低效性与市场经济要求利润最大化存在着矛盾，如果不限制发展，就必然与“生态”主题相背离。这就要求为限制发展的农地启动生态补偿机制，破解农地越保护则农民和保护区域主体越穷，农地非农化开发却使相关农民主体及地方暴富的不公平困局。从这个意义来说，土地发展权的公平，也是人的发展权公平的基础。

5.2.4 行政外力主推城市（镇）化与社会关系失衡成本

改革开放以来，我国城市化步伐加快，伴随着城市的扩容和兴起，就必定需要更多的土地通过流转发生聚集。这些土地最早都是农业或农村土地，都是由农地非农转化（国有化）而来。而与此相伴随，更多农民转为市民，或是更多的农村富余劳动力到城里谋生，从事非农行业。总体来说，我国城市化进程中的土地供应，是以征地拆迁的方式进行的。此过程中，“外力驱动”是主要方式。政府通过低成本征地，使中国城市化获得高速增长。根据 2011 年 8 月 15 日亚洲开发银行在泰国发布的《2012 年亚太地区主要指标》报告，中国的城市化率从 20 世纪中叶的 11%，提高到 2011 年（报告时）的 51%，仅用了 61 年①。较为客观地说，伴随着这种低成本、快速城市化的方式，中国的经济也获得前所未有的增长。连西方发达国家对中国的工业化城市化超速发展也惊叹不已。这种由政府行政权力强制性推动的发展路径，被冠之于“中国模式”或“中国道路”，为海内外媒体热议。

如前所述，与这种城市发展方式配套的是处于虚位状态的农村集体土地所有制度，这似乎有利于国家降低城市化工业化战略的交易成本。而更需要考量

① 暨佩娟：《亚洲城市化推动绿色科技》，《人民日报》，2011 年 8 月 16 日。

的是，这些成本节约获得的效益不是源于信息等成本共享，也不是规模效应导致的成本降低，更不是由于发展的增量导致的效益，而是源于农民和农村的损失在以政府对土地资源垄断为前提、由行政权力外力推动、脱离农民等草根民众主体性参与的所谓高效率、“中国模式”主导下的低成本城市化。而这种城乡二元结构的土地制度，是与户籍制度相类似的又一个城乡差距扩大的重要制度原因，加重了“三农”问题的严峻性。最典型的是造成城乡隔离、利益分配严重不均（见图 5－1）。

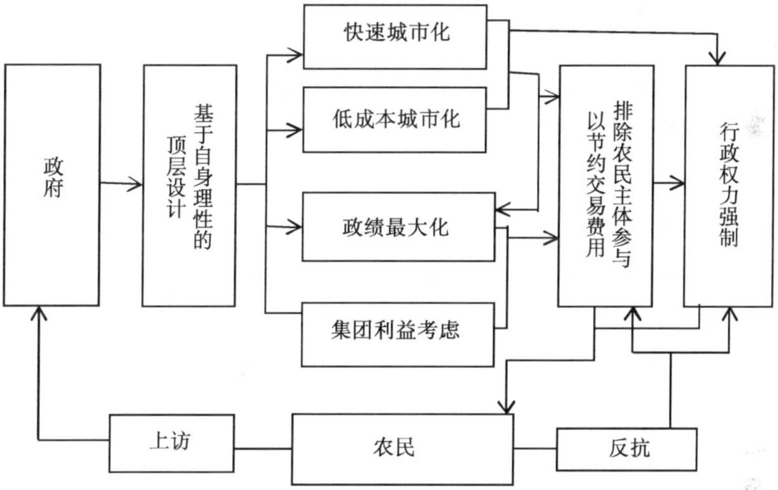

图 5－1　城市化进程中外力强制式的征地及其政府与农民的关系

从经济层面来说，土地财政造成泡沫式经济增长。以征地为前提的房地产开发，不是以内在需求（内驱力量）驱动的，而是在资源垄断的前提下，处于正常市场供求系统以外的投机力量主使。在市政决策过程中，它不是源于经济主体在博弈中产生均衡的经验，而是在决策中由于信息不对称，在排挤草根民众参与、难以摆脱决策者主观意志片面性的情况下进行。这样，挤压了实业发展的空间，弱化了民众实业创富的积极性及其社会氛围；在中国农地资源高度紧张、人地矛盾本来就突出的现实情况下，土地资源浪费惊人、生态恶化，使经济可持续发展受到挑战。吴敬琏指出，万元 GDP 耗用土地面积超过发达国家10倍以上[①]。说明我国经济发展过程中的交易成本，光土地资源这一块超过了发达国家的10倍。

从社会关系方面来说，所谓的低成本城市化土地战略其实是个伪命题。在一定条件下土地资源价值是既定的，不可能无缘无故地降低。这种低成本造成城乡、国家与农民利益分配格局失衡，因而这种国家低成本战略，只是将成本转嫁给私人或是社会。基础建设的城市化快于人的城市化，在城乡二元结构下，城市空间扩张，并没有相应地与人的城市化相协调。农民工在城市生产生活却无法融入城市成为市民，成为游走于城市和乡村的“两栖人”，增大了以家庭为基础的社会关系失衡的成本。

总之，由行政权强制力主推的外生式农地流转驱动力量，其导致的社会生态交易费用，表现为土地资源浪费的成本、权力设租寻租的成本、土地城市化与人的城市化不协调的成本、城乡发展不平衡以及社会阶层落差的社会摩擦成本等。我国城市化进程中，是以外生力量推动农地非农化流转，以适应快速的、“赶超式”的城市化建设以及工商业对土地之需，在经济转型时期，或许从某种意义说来这种模式有其效率甚至是必要的。但是，由此出现的一系列社会的问题，必须引起反思。随着民众经济民主意识的高涨，以及对社会发展规律认识的深化，当前以城乡一体化为目标的新型城镇化战略，要避免重新陷入土地与权力结合造成的我国城市化历史困境。应该从农民主体性、组织性出发，转向草根民众参与利益博弈，以社会内在需求为基础的内生动力驱动模式。

5.2.5 “土地保障”代替“社会保障”导致公平与效率双重损失

除了自然环境危机外，目前我国城乡二元结构是最大的社会生态失衡，因而“三农”问题被称为“世纪难题”。党的十八大明确提出工业化、信息化、城镇化、农业现代化“四化”同步发展[②]，意味着城乡一体化的现代化发展战略向前推进。在马克思主义看来，人的自由全面发展是人类社会追求的目标，

① 吴敬琏：《城市化最大的问题是效率低下》，《人民日报》，2012年10月17日。

② 胡锦涛：《坚定不移沿着中国特色社会主义道路前进，为全面建设小康社会而奋斗》，《中国共产党第十八次全国代表大会文件汇编》，人民出版社，2012年，第19页。

因而现代化的核心是人的现代化。作为现代化的一个新阶段——城乡一体化，其根本不在于基础建设，而在于人的国民福利待遇。国民福利最基础最广泛的形式是社会保障，它代表着对未来的预期，因而直接决定着人的幸福感。从这个意义来说，推动城乡社会保障一体化建设，是实现“四化”同步、协调城乡发展的重要内容。然而长期以来，我国农村社会保障缺失，几乎一直沿袭着几千年以来的土地保障模式。虽然农村“两险”启动并逐渐普及，具有开拓性的意义，但由于其水平较低，依然无法脱离“土地保障”状态，没有完全实现社会保障城乡一体化转型。在人们的意识里，农民有土地，因而不能享受像城镇居民一样的社会保障制度。本书认为，“土地保障”意识是城乡一体化社会保障制度改革的认识障碍。农地行使保障功能，不仅影响了公平，背离了社会主义的核心价值取向，而且极大地阻碍了农地健康、顺畅流转，增加了由于农地不流转导致的人地资源合理配置机会丧失的成本，造成公平与效率双重损失。

（1）问题：土地保障能否代替社会保障

我国宪法第四十五条规定：“中华人民共和国公民在年老、疾病或者丧失劳动能力的情况下，有从国家和社会获得物质帮助的权利。”这种“物质帮助”权利，作为宪法和相关法律保障下的公民最基本权利，是通过健全社会保障体系实现的。从这个意义来说，社会保障是国家提供的、作为公共产品的福利制度，是国民的一项最基本的权利。虽然人类之初便有着在族群之间互帮互助，共同应对风险的行为，如在生产力低下的原始社会共同分食制，但社会保障的正式制度化却是近代以后的事，并逐渐成为国家管理社会的重要职能之一。社会保障制度在人们应对生产、生活中的不确定性风险和预防未来命运变化之不测过程中，发挥了重要作用。在现代社会，正常的社会保障制度应该保证哪怕是最弱势者的基本生活条件，因而社会保障制度是现代文明的标志。而从世界范围来看，即便产权明确界定为农民私有的工业化国家，农民或其他农村人口也包含在正规的社会保障体系之中①。然而，长期以来，即便是我国土地为农村集体所有，具体农民没有法律上保障的土地所有权，我国广大农村社会保障仍处于缺位状态。原因在于：第一，虽然近几年的高速发展，大大提升

① ［美］D. 盖尔·约翰逊：《经济发展中的农业、农村和农民问题》，林毅夫、赵耀辉编译，商务印书馆，2005 年，第 150 页。

了我国的经济总量，但新中国成立后很长时期内，我国处于经济落后状态，国家没有财力构建惠及所有公民的社会保障体系。加之工业化城市化主导下，本来就存在国家通过剪刀差等方式对农村生产剩余的剥夺，更不用说提供社会保障。第二，在人们的意识里，农民本来就有土地为其承担社会保障，如果再给农民以社会保障，就是“对城市居民的不公”。在一些舆论乃至精英学者的意识里，都不乏这种认识。在这种背景下，新中国成立之后直至21世纪初新型农村合作医疗和新型农村养老保险制度全面铺开之前，农民依旧沿袭着几千年传统农业文明的“土地”保障方式——以土地保障为基础、以家庭为组织形式、以代际传递为主要保障方式、以个人积蓄为补充的生产、生活和健康保障方式。即使为城市创造无数社会财富的进城务工者（农民工），也难以享受公民应有的社会保障福利。虽然部分地区出于维护农民工权益考虑，要求务工单位必须为农民工办社保，但是由于外部政策环境不配套，社保无法异地接续等原因，反而加重了农民工的负担，缴纳社保的农民工绝大部分只是“义务”地为当地社保账户盈余做贡献。据报道，在近年全国范围内的社保基金缺口压力引起广泛关注的背景下，作为外来人口大省的广东省却是另外一重天。截至2011年，五项（养老、医疗、失业、工伤、生育）社会保险基金累计结余居然达4413亿元之多，居全国之首①。从中不难发现，改革开放早期去广东打工的农民工缴纳社保后，本来是到了回报的时候却由于制度的原因无法获得兑现，账户没有相应的支出，成为该省社保节余的重要原因。

鉴于上述背景，在“三农”问题仍然严峻的情况下，无论理论研究，还是改革继续深化的政策实践，都必须明确土地在保障中的定位，即必须清楚两个问题：一是在现代文明的社会，“土地保障”“能不能”代替“社会保障”；二是“土地保障“该不该”代替“社会保障”。不从认识层面厘清这两个问题，并形成新的共识，将不利于深化城乡一体化的社会保障改革。

（2）现状：“土地保障”仍为我国农村保障的重要形式

最近10年，我国农村社会保障从几乎缺位状态，到通过改革实现实质性突破，基本实现了社保全覆盖，动摇了传统靠天生存的“土地”保障格局，并向“社会”保障转型。首先是农村新型合作医疗保险的启动、试点继而全面普及。2003年下半年，农村新型合作医疗制度在部分地区试点，2008年基

① 《广东2011年社保基金结余逾4000亿全国居首》，《南方日报》，2012年5月30日。

本覆盖农村居民，比既定计划（2010 年）提前两年达到目标①。新型合作医疗比过去的农民合作医疗，其进步在于不再是纯粹由农民自己筹资互助，而是纳入社会化，开国家大规模财政投入之先河。其次是养老保障在农村实现突破。2009 年 9 月，国务院下发《关于开展新型农村社会养老保险试点的指导意见》，正式启动了农村新型养老保险试点工作②。过去老式农保完全是个人储蓄式的积累账户形式，新型农保不同之处在于其筹资结构由个人缴费、集体补助和政府补贴构成，这就大大地注入了“社会”和“国家福利”的元素。至 2011 年，全国 2343 个县（市、区）开展新型农村社会养老保险试点，3.58 亿人参保，9880 万人领取养老金，覆盖面扩大到 60% 以上③。据十一届全国人大五次会议新闻发言人答记者问，2012 年农村养老保险基本实现全覆盖。值得一提的是，农民工群体的社保制度有了两个新的亮点：首先是农民工可城镇参保（如依托务工单位交“五险一金”），其次是社保账户可以异地接续。从而破解了农民工在工作不稳定状态下，被迫中断缴纳社保或由于工作年限不足而放弃社保的困局。这意味着农民工的社会保障逐渐从家庭土地保障中剥离出来，向社会化和城乡一体化迈进。

尽管农村“两险”启动具有里程碑的意义，但我国农村社会保障制度仍然处于低水平状态，“土地保障”还没有退出历史舞台。农村社会保障仍然远远落后于经济体制改革的步伐，更不能适应未来改革发展之新形势。其认识根源在于农民“有”土地，因而土地“可以”为其保障，即农民要纳入到社会保障体系中，可以“以土地换保障”。如前所述，尽管近 10 年来，着眼于国际潮流和国内现实矛盾，随着新型合作医疗保险、新型养老保险在农村从试点到全面普及，中国社保史翻开了新的一页，在一定程度上保障了农民生命财产安全。但是，农村的“两险”只是低水平，跟不上现代化的节拍，仍然无法脱离“土地保障”。

第一，养老保险方面，虽然目前农民新型养老保险与城市居民养老保险基本类似，但是在三个筹资来源中，城市居民一般依托经济组织（单位），由单位为其缴纳一定比率，而新农保的“集体”筹资部分，由于不少集体没有经

① 《卫生部：新型合作医疗制度提前覆盖全国》，《光明日报》，2008 年 7 月 11 日。

② 《国务院关于开展新型农村社会养老保险试点的指导意见》，《人民日报》，2009 年 9 月 8 日。

③ 《温家宝在十一届全国人大五次会议上作的政府工作报告》，《中国日报》，2012 年 3 月 14 日。

济来源而流于空谈，这必定大大降低农村社保水准。另外，从目前的基础养老金来看，60 岁以上的农村老人一般为每月 55 元，以目前的工资水平看，不及大城市最低工资线（如广州当前每月 1600 元）的一天工资，也不及农民工外出打零工一天的工钱，更不用说维持基本生活了。而目前正常缴纳社保费（每年 100 元至 800 元不等）的农民，以现在的标准折算，其年老所享受的保障也难以维持基本生活。老人获得基础养老金待遇的条件是要求子女捆绑式参保，这不仅仅损害了老年人的利益，而且不利于农村青年通过进城务工参加相对更高水平的城镇职工养老保险。这样看来，如果改革不继续深化，则意味着未来的农村老人要获得基本生活资料，要么还得从事繁重的农业生产，要么把养老负担的大部分推给子女（以儿子居多），而不是由社会负主要责任。

第二，新型合作医疗保障方面，一是由于医疗资源分布不均，广大农民不得不到城市就医，增大了交通费用等就医成本，降低了农民医保福利的实现程度；二是新型医疗保险参保之前，医疗机构更倾向于通过提高服务档次的方式，向农民提供更高价格的医疗服务，甚至以过度治疗、不当身体检查等方式，变相地将农民“医保”福利变为医院利润；三是大部分的（如异地）门诊以及身体伤害等产生的医疗费用报销受影响，农民仍然无法承受大病自费部分等，不仅削弱了“新农合”保障性，而且与公民自由迁徙的理念相冲突。2012 年底，笔者到南昌两所综合性医院住院部对参加农保的病人及其家属进行问卷调查，共收回有效问卷 60 份，如表 5－1 所示。

表 5－1　　农民参保新型合作医疗感受度调查

新型合作医疗能减少家庭医疗开支吗			参保新型合作医疗之后医院收费情况如何		
能大大减少	20	33.30%	大大提高	43	71.70%
能减少但是不够	32	53.30%	提高不明显	10	16.70%
不清楚	8	13.30%	不清楚	7	11.70%

从调查的情况看，认为新农合带来福利增加的占绝大多数，认同“能大大减少”家庭医疗开支的占 33.3%，加上认同“减少，但不够”的，两者达 87%。而回答“不清楚”的只占 13.3%，且以年轻的病人家属受访者居多。因为这一群体很少生病而似乎体验不深。但是问题在于，认为对家庭医疗负担“能减少但不够”者占绝大多数。访谈中有患者以盲肠炎治疗为例，反映新农合之前，该类手术费用大致在 3000 元左右，而新农合后，总体费用近万元，

扣除报销部分，个人承担费用实际上同以前大致相当，医保似乎成为鸡肋。当然即使扣除物价上涨因素和服务层次的差异，但也不难看出农民因病致贫的风险仍然很大。

第三，“两险”以外的其他保障问题还不完善或趋于空白。失业保险方面，在广泛存在隐性失业状态下的农村，失业保险体系几乎还没有构建起来，这在政策层面无疑体现了“土地保障”因素。另外，财产保险等方面还不规范。

上述存在的问题说明，“土地保障”仍然是农村保障中重要甚至主要的保障方式，这大大阻碍现代社会所要求的劳动力城乡一体化配置，影响了公民的迁徙自由，也与计划生育政策不协调。农村社会保障改革继续深化，必须要走出与传统农业经济相匹配的“土地保障”思维模式，向“社会”保障转型。

（3）“土地保障”向“社会保障”转型的认识障碍

如前所述，农村土地承载了社会保障功能。不仅历史上如此，在“两险”改革后的当下，仍然没有完全改变。而要改变这种现象，必须扫除认识障碍。通过对相关文献以及现行政策进行分析，不难发现这种认识障碍在于：把既定的事实当作应该（实然当作应然）；把对“社会”的保障视为对“农民”的保障；只有为民做主的精英意识；等等。

第一，把土地保障的既存“事实”当作“应该”。

众多的学者论及土地的社会保障功能，集中体现在有关农地产权制度安排问题上。温铁军（2008）则认为，如果用西方私有化＋市场化模式来解决中国的“三农”问题，会导致耕者无其田的社会动乱以及城市贫民窟化。只有实现土地所有权（政府与村集体同权）与使用权（开发商与农户同利）“同权同利”，才能合理维护农民与村社的利益①。这一观点实质从社会本位出发，在事实上认同了土地保障所行使的社会保障功能。刘玉侠（2009）探讨了返乡失地农民工的社会保障问题，由于种种原因，农民（工）失去土地，变成种田无地、就业无门、社保无份的“三无”人员，认为国家应该给予救济责任，应该保障他们的生存权②。但是，这里关注的背景还是因为“失地”要给

① 温铁军：《新农村建设的重点与土地私有化的理论逻辑：缓解三农问题的道路之辨》，《绿叶》，2008 年第 11 期。

② 刘玉侠：《农地保障还是社会保障——返乡农民工保障缺失问题探讨》，《经济问题探讨》，2009 年第 5 期。

予“救济”或建立“社保”，其逻辑关系仍然是失地等于失去了保障。另外，众多的学者关注到在征地过程中的“土地换保障”问题，在实际的操作中“土地换保障”模式也不少见。而土地能换保障，无非是土地实实在在承担了保障功能。总之，农村土地承载社会保障功能的事实被潜意识化为“应该”，成为城乡一体化社会保障改革的认识障碍。

第二，对“社会”的保障理解成对“农民”的保障。

事实上，农地承担了社会保障功能，但它又不是传统社会福利意义上的社会保障，不是农民的福利，而是在政府福利制度缺位的情况下，仅仅维持着农民最低生存的保障，因而它保障的功能是“社会”而不是“农民”。更多的学术研究和社会舆论只是把土地“社会”本位的社会保障功能错误地当作农民享受福利的社会保障，并将二者混为一谈。温铁军（2009）在论及农地不能实行私有化的观点时提到：如果实行私有化，那么一大批的农民将有可能沦为无产者，涌进城市，而政府又不可能有能力解决这些人的就业问题，继而形成贫民窟，影响社会稳定[①]。且不评判这个论述推卸了国家和政府责任，也忽视了农村劳动力就业结构改变的事实，其落脚点却是社会稳定问题，而不是农民福利问题。有关农地价值核算的探讨，多把对农民的保障功能作为价值核算的指标（王拜、张安录，2007）[②]。如果把社保制度不健全前提下维持社会稳定性的保障功能价值纳入核算体系，那只能作为土地非农化征地过程中的土地受让方应该补偿给社会的价格参照指标之一，而不能够计入农民所享受的福利保障的范围。否则对农民来说不是利好，对国家来说反而模糊了其提供社会公共产品的责任。主张土地能够而且应该承担社会保障者恰恰忘记了，在不久前，大批农民以抛荒对抗重税，他们宁可游走于城市社会的边缘，从事没有任何保障的零工，也不愿在家里拴在土地上受“保障”；而即便取消农业税的今天，一些地方仍然有较严重的土地撂荒现象，说明农业税取消且农民获补贴状态下的今天，从事农业生产的比较利益仍然低下，在就业机会多样化的今天，农业生产的机会成本太高。这样，农村土地如何能承受社会保障之重？鉴于农地流转等改革的深化，我国失地农民将会越来越多，这是一个无法逆转的趋势，并且失地农民同时失业的现象也不可避免，此形势下，社会保障改革的配套跟进

① 温铁军：《我国为什么不能实行农村土地私有化》，《红旗文稿》，2009 年第 2 期。

② 王拜、张安录：《农地价格构成极其评估方法研究》，《理论月刊》，2007 年第 6 期。

就显得更为重要了。因而唯有打破“土地保障能代替社会保障”的认识障碍，才能形成农村社会保障改革深化的新共识，加快实现“土地”保障向“社会”保障的转型，稳步推进城乡一体化。

第三，替农民做主的“精英”意识

温锐（2004）指出：在精英知识分子的意识里，农民保守落后，他们不能代表自己，因而以“救世主”或“贵族”的眼光看待农民①。正是在这种精英主导下，农民没有自己的话语权，在农地流转、农业规模经营等方面，农民的主体性缺失，其利益屡屡在政府征地以及农业产业化过程的农、资博弈中遭受侵害。而突出的表现是，在农地制度安排上，精英观点认为，农民不能把握自己的命运，不能珍惜自己的土地，只有把土地权经由集体或是“公家”代管，才能有保障。如果土地私有化，任由农民自己支配自己的土地，那么农民就会“不珍惜”自己的土地财产，在不测之需而将其变卖甚至挥霍，沦为流民。在这种精英意识里，似乎农民只能困在土地上才有保障，否则会失去保障而无以为生甚至导致社会动荡。正是在这种认识下，长期以来，人们（包括农民本身）想当然地认为土地就应该成为农民的根本保障。这里恰恰被忽视的是，农业兼业化现象越来越突出，农业收入根本不占主要地位。而靠农业生产为主要生活来源的农民并不占绝对多数，也就不存在脱离土地保障后，大部分农民居无定所，陷入万劫不复之境地的问题。不妨以相关的统计数据来说明（见表5-2）。

表5-2　　农民家庭工资收入与家庭经营纯收入比较

指　标	1990年	1995年	2000年	2010年	2011年
工资性收入（元）	138.8	353.7	702.3	2431.05	2963.43
家庭经营纯收入（元）	518.55	1125.79	1427.27	2832.8	3221.98
工资与家庭经营纯收入比	0.267669	0.314179	0.492058	0.858179	0.919754

资料来源：根据《中国统计年鉴2012》相关统计数据整理。

从表5-2的数据可以看出农民的工资性收入比重连续增长，而家庭经营纯收入的比重逐年下降。家庭经营纯收入不限于作为第一产业的农业经营，还

① 温锐：《毛泽东视野中的中国农民问题》，江西人民出版社，2004年，第337-341页。

包括家庭第二、第三产业。以 2011 年农村居民农业人均收入 1896.67 元①做参照，相对于表 5-2 中所示该年农民人均工资收入 2963.43 元，农业经营收入仅约为工资收入的 2/3。其中，农业经营收入还没有计入劳动力成本。由此看来，农业兼业化现象越来越明显，通过完善农村社会保障制度，将社保与土地脱钩，通过农地流转的方式，使宜农者从农、不宜农者分流出去，并不会存在失地农民陷入严重的生计问题的现象，也不可能引起很大的社会震动。

此外，所谓代表农民利益的土地社保论精英，恰恰忽视了政府的社会保障职能。将政府的公共职能由农民自己承担，这不仅影响公平，而且不能与城乡一体化的劳动力资源配置相协调，从而造成土地资源和人力资源双重效率的损失，更谈不上真正代表农民。如前所述，公平是现代社会尤其是社会主义社会内在的价值目标，效率意味着资源通过科学配置能够充分利用，公平与效率的损失，意味着制度缺位造成的社会生态成本增大。

5.2.6 农村妇女土地权益缺失与土地流转的制度摩擦成本问题

现代化瓶颈是“三农”问题，“三农”问题的核心是农民问题；农民问题的重要方面是农民权益保障问题，而农民的权益保障突出表现在土地权益方面。基于此，农村土地权益问题作为一个热点话题被广泛关注。不容忽视的是，土地不仅仅是一般意义上的农民的财产，更是农村妇女的命根子。原因很简单，妇女作为弱势群体，如果连最后的保障——土地都没有份，则无疑会更加重其对男性的依赖性。然而现实的情况是，不仅农村妇女出嫁后其土地承包权得不到尊重和保障，而且在城市化过程中，大部分妇女无法得到征地的赔偿和土地发展权的收益，这极大地影响了社会公平，不利于社会主义和谐社会的构建，有违于宪法规定的男女平等权。因而必须从制度原因和制度优化的角度，去研究和解决农村妇女土地权益保障问题。在诺思看来，国家理论、产权理论和意识形态是理解制度结构的三个主要基石。他指出：“制度经济学的目标是研究制度演进背景下人们如何在现实世界中做出决定和这些决定又如何改

---

① 《中国统计年鉴（2012）》，国家统计局，http：//www.stats.gov.cn/tjsj/ndsj/2012/html/J1020c.htm，2013-4-15。

变世界。”① 妇女土地权益问题不仅与相关政策、法律规定有关，而且与非正式制度（文化传统）有关；不仅仅要从理性层面去理解土地主体的有关决策行为，而且要从非理性层面（诺思理解的“意识形态”）去理解这种行为。妇女土地权益问题有其深刻的历史、制度和文化原因，不仅受制于国家政策和法律法规等正式性制度，而且还受传统文化和习惯势力形成的路径依赖影响，这些影响因素往往纠结在一起，形成妇女土地权益状况“既定事实”的“合力”。本书拟以历史和制度的视角探讨农村妇女土地权益缺失的历史状况和制度原因，以探求制度优化的对策。

（1）农村妇女土地权益问题的历史考察

①在土地“不值钱”与“可重分”背景下妇女土地权益问题不突出

改革开放初期，我国妇女土地问题不突出，原因在于：当时对妇女的权利意识以及妇女自身的权利意识比较薄弱；新媳妇在土地不断调整背景下增添了重新获得土地的预期；高税费下土地边际收益低而无法体现财产性价值；城市化正在起步阶段，农地非农化产生的土地发展权收益不如近年明显。

第一，不断重分土地增强了出嫁妇女重新获得土地的预期。

改革开放后实行家庭联产承包责任制之初，农村妇女土地权益问题不突出，是因为农村土地的家庭财产属性没有充分体现。在人们的意识中更为明显，人口增减可以由村集体调整甚至一定时期内可重分，因而也没有将土地提到“农民财产权”的高度，而更多强化的是一定时期内农民对土地的承包使用权。因而当时土地权益的争议集中于所有农民的权益而少有特指妇女主体，“土地不是农民的，是村集体的”这种意识更为明显。因而有关妇女土地权益问题自然不会引起太多注意。第一轮承包期为 15 年，加之有“大稳定，小调整”规定，根据家庭人口的变动，重分或调整土地也是很自然的事。即使妇女出嫁后暂时没有分得土地，也有在新落户的村集体重新分得土地的预期。彼时局部地方也有承包权相对稳定的做法，例如 1987 年，贵州省湄潭县为了方便计划生育管理，启动“增人不增地、减人不减地”的试验②；1993 年 11 月，《中共中央、国务院关于当前农业和农村经济发展的若干政策措施》正式提出“增人不增地，减人不减地”，体现了保持农村土地承包期稳定化的政策

① ［美］诺思：《经济史中的结构与变迁》，上海三联书店，1991 年，第 2 页。

② 《贵州省纪念改革开放 30 周年理论研讨会举行》，《贵州日报》，2008 年 12 月 24 日。

内容[①]。但是相关文件又规定确因增人而生活困难，就业无着落，可根据“大稳定、小调整”的原则，仍可经村集体大多数农民同意而做适当调整[②]。尽管这些政策影响农民土地承包权稳定的弹性空间，但也增加了妇女在落户的村集体获得土地承包权的可能。因而在这种背景下，妇女即使暂时失地，也不至于成为一个问题。

第二，高负担农业税费淡化了土地财产属性。

农村妇女土地权益问题长期不突出，另一个原因是土地对于家庭来说，在高税费条件下其边际生产效益几乎为零，土地收成的剩余甚至不足以支付生产费用。改革开放后直到21世纪初，特别是20世纪80年代末到整个90年代，我国农村税费沉重，税外有费，甚至违法收费、不明白收费(“三乱”收费)，损害了农民利益，导致农民增收难，影响了农民的生产积极性。1989年，农民人均纯收入比上年减少1.6%，而1989年、1990年、1991年三年，农民纯收入人均增长仅0.7%[③]。直至整个90年代，虽然中央就有关乱收费问题三令五申，但农民负担伴随着税费加重而不断增加，长期困扰着中央决策层。1990年2月，国务院下发《关于切实减轻农民负担的通知》，揭示了向农民摊派、收费和集资，使农民负担日益加重的事实，并提出要减轻农民负担[④]。直到1998年朱镕基在其总理任内的国务院第一次全体会议上，再一次重申了无论是在城市和农村，乱收费愈演愈烈，巧取豪夺，中饱私囊的问题严重性[⑤]。1999年3月，朱镕基在九届全国人大二次会议上的政府工作报告中，要求狠刹乱收费等不正之风，坚决取消国家明令禁止的收费项目，加紧实行费改税方案，又再一次重申，要“从根本上”解决农民负担过重的问题[⑥]。由此可见，虽然政府一再提出农民减负问题，农民的税费负担反而不断升级。而各种税费

---

① 中共中央文献研究室编：《十四大以来重要文献选编（上）》，人民出版社，1997年，第481页。

② 中共中央文献研究室编：《十四大以来重要文献选编（中）》，人民出版社，1997年，第1324－1329页。

③ 中共中央文献研究室编：《十六大以来重要文献选编（中）》，中央文献出版社，2008年，第916页。

④ “国务院关于切实减轻农民负担的通知”，http：//cpc. people. com. cn/GB/64184/64186/66701/4495366. html。

⑤ 中共中央文献研究室编：《十五大以来重要文献选编（上）》，人民出版社，2000年，第280页。

⑥ 同上，第781页。

一般是附在土地上的。

在沉重的税费下，不仅仅是干群冲突问题，不堪忍受重负的农民甚至将土地抛荒，或是交还给村集体，或甘愿自己承担负担而由他人代种，这些现象在20世纪90年代以后随着城市务工机会的增多更是非常多见。这种情况下，土地的财产属性在农业机会成本越来越高的大背景下，反而是一种人身束缚，农地的私人价值和社会价值不对等，对于农民家庭来说，几乎没有价值，从而也就无从谈起妇女的土地权益问题了。

此外，城市化在改革前期还没有达到高峰。由工业化城市化导致的土地极差价值改变或是补偿分配争议，虽然在一些城郊存在，但毕竟是局部性的。因而妇女土地权益问题并不像现在那么突出。

②农民地权保障改革推进与妇女土地权益问题凸显

妇女土地权益问题在农民土地权益保障改革的向前推进中反而逐渐显露出来，具体表现在以下三个方面：一是承包期的稳定化，使出嫁女在新落户的村集体重新获得土地的可能性消失；二是农业税费的取消乃至国家直补农业，增加了农民土地财产性收益；三是城市化加剧，城郊的农民通过国家征地补偿致富的可能性增大，或是城郊土地通过国家追回投资（基础建设的完善），产生了较大的级差地价，而不像边远农村种植用地那样土地价格非常低廉。这样，妇女特别是婚嫁妇女权益被侵害的现象更为明显。

第一，地权政策趋于稳定与妇女土地权益保障发生冲突。

农村地权的稳定，一方面使农民的土地财产性价值更凸显；另一方面，由于随夫居的传统，地权的稳定性使出嫁女失去了在新居住地获得土地的机会，而在娘家的份子地又不可能作为嫁妆随带。因而所谓农民地权稳定的利好政策，反而成为妇女地权不稳定的因素。

地权政策的稳定性表现在相关法律法规倾向于稳定承包权。《中华人民共和国土地管理法》《中华人民共和国土地承包法》等相关法律法规，不仅规定了更长的承包期（30年），而且对于发包方（村集体）调整承包地做了严格限制——仅限于严重灾害。而最具里程碑意义的是2007年出台的《中华人民共和国物权法》，涉及农地承包期满和宅期地到期后的自动续期问题。温家宝在十届人大四次会议闭幕后答记者问时则声明："给农民的土地经营权以长期的保障，15年不变，30年不变，就是说永远不变。"并指出，"土地出让金要给农民"[①]。这更是体现了土地承包权的稳定性以及承认土地是农民财产的政策精神。

地权稳定的政策指向，无疑是针对所有的农民，无论是男性还是女性。但这种“利好”的政策，因为没有相关制度配套落实，无疑在“从夫居”文化习惯的农村乃至整个中国，对于近一半、甚至超出一半（妇女留守多于男子）的女性来说却不是利好的。还没有出嫁的女子也不例外，因为出嫁是迟早的事。

第二，惠农政策彰显土地财产属性也加重了妇女土地权益的相对损失。

惠农政策具有里程碑意义的是农业税费改革及直补农业。2003 年 3 月，国务院下发《关于全面推进农业村税费改革试点工作的意见》，将税费改革试点工作渐次推向全国。税费改革最先由费改税，2004 年向纵深发展，并在部分地区试点取消农业税。至 2005 年 12 月，第十届全国人大常委会十九次会议通过《关于废止〈中华人民共和国农业税条例〉的决定》，宣告农业税自 2006 年 1 月 1 日起废止。至此，延续了 2000 多年的传统农业社会积重难返的农民税费负担问题终于被打破。至 2008 年农业生产直补政策出台，农业生产者不仅不用交纳摊在田亩上的税费，而且可得到一定数量的货币化种粮补贴。在这种政策背景下，土地可以带来更大的收益，农民的土地财产属性得到彰显。

在高农业税费的条件下，农地几乎没有价值，加之务农之外的就业机会增多，种地的机会成本增大。这样，不少农民外出务工，土地由亲友、同村人代种，不仅收不到租金，甚至自己还不得不承担农业税费负担（负租金），农地的价值甚至为负。农业税费改革乃至直补农业政策施行后，土地的财产性价值得到体现。作为农地主体的农村妇女，其对土地财产权益的诉求更加强烈，其土地权益保障问题无疑更应引起重视。

第三，城市化成为农村妇女土地权益流失的重灾区。

1978 年至 1990 年的 12 年间，我国城市化率仅从 17.9% 上升至 26.4%，12 年间增长了 8.5%，年增长率约为 0.7%；而 2000 年至 2011 年的 11 年间，则从 31.2% 增长到 51.3%，增长达 20.1%，年增长率超 8%[②]，是前者增长速度的 10 倍。这说明我国城市化已经到了高速发展时期，但与发达国家城市化

---

① 《温家宝答记者问》，《人民日报》（海外版），2006 年 3 月 15 日。

② 根据《中国统计年鉴 2012》（电子版）相关数据整理而得。

率相比还有差距。加之党的十八大之后新型城镇化战略的启动，可见未来一定时期内，仍然是土地农转非的高峰时期。城市化使土地增殖，唤醒了土地的财产性价值，更唤醒了女性的土地维权意识。

在以征地、拆迁为手段的工业化城市化过程中，屡屡见到损害农民利益的报道，以及出现相关纠纷和上访事件，皆因农地非农化过程中农民土地发展权分配的收益不足。但无论如何，农民获得的补偿虽然在量上存在争议，但是大部分还是实实在在地通过换社保、解决就业或是直接得到货币补偿等方式，获得了比过去经营农业时更高的比较收益，或者说农民至少获得了部分农地非农化的发展权收益，大部分补偿比之前在被征地上单纯从事农业生产的效益要高。许多大城市郊区农民由于拆迁和补偿一夜暴富者比比皆是。但是，城郊农村的土地在法律上仍然是集体所有。许多地方的村规民约或是一些不成文的习惯把出嫁女排除在集体成员之外，虽然在第二轮承包时大部分妇女名下分得了土地。出嫁后，即使土地不被村集体收回（有稳定承包权的政策法规），也只是变成娘家的财产了，与此相关的征地补偿也与她们自己无关。城郊、城中村不少村民光房租的收入就不菲，更不用说在集体土地开办的一些实业收益，决非农业经营可比。而不少出嫁妇女被排除在这些收入之外，由此可以说工业化城市化是妇女土地权益受损的重灾区。

笔者在江西南昌市城郊湖坊乡、塘山乡、罗家镇等部分地区对已婚妇女调研，对收回的有效问卷进行统计，情况如表 5－3 所示。

表 5－3　来自南昌市郊区部分地区妇女土地权益感知度的调查

类别	选　项	回答比例（%）
户口未迁出（100%）	能完整获得原居地的土地权益	28.5
	能获得部分（如宅基地）权益	29.3
	不能获得原居地的土地权益	33.2
	说不清	9.0
户口迁出（100%）	能获得原居地的土地权益	18.0
	不能获得原居地的土地权益	43.6
	能获得部分（如宅基地）权益	21.4
	说不清	17.0

从调研及统计情况看，尽管在“长久不变”的政策精神下，大部分妇女

在第二轮承包期获得了土地，其家庭名下的土地不管其出嫁否，均有她的份子地。但事实上土地都滞留在娘家，甚至本应该是其名下的责任地被征后的补偿也无法得到。而能够获得一定或是全部权益的已婚妇女，多没有迁出户口，且是独生女，其宅基地很自然地继承到其名下。即便如此，在集体土地上经营实业带来的利润分红，很多作为独生女的妇女享受不到，如果有兄弟，宅基地权益则另当别论了。

（2）双重悖论：农村妇女土地权益流失制度原因及制度摩擦交易费用

制度经济学不仅包括法律法规和政治制度等“明规则”，也包括文化习俗等不成文的制度，即“潜规则”。农村土地集体所有制的法律规定与保障农民土地财产权的法律规定有时不相容，政策法律法规等明规则与随夫居、“祖业”不落入外姓人之手等潜规则相悖。通常“潜规则”的支配力量要大于“明规则”，因而要建立能有效克服损害妇女利益的“潜规则”的“明规则”，切实维护妇女土地权益。

第一，农地集体产权与妇女私人权益保障的悖论。

我国宪法规定，妇女有同男子平等的权利。政策法规对于农民土地承包权的稳定性规定的利好政策，毫无疑问针对的是包括男性和女性在内的所有农民。不仅如此，因为妇女的弱势地位，相关法律法规还特别提到妇女土地权益问题。例如2002年颁布的《中华人民共和国土地承包法》第一章第六条规定：“农村土地承包，妇女与男子享有平等的权利。承包中应当保护妇女的合法权益，任何组织和个人不得剥夺、侵害妇女应当享有的土地承包经营权。”另外，该法第三十条又规定：“承包期内，妇女结婚，在新居住地未取得承包地的，发包方不得收回其原承包地；妇女离婚或者丧偶，仍在原居住地生活或者不在原居住地生活但在新居住地未取得承包地的，发包方不得收回其原承包地。”但是，正如前述，在土地承包关系长久不变、承包期内“不得调整”的制度下，妇女已不太可能在新的居住地取得土地。而按上述法律相关规定，妇女可以享受其名下的承包地和宅基地权益。但是，问题在于集体何所指？出嫁妇女如果都不在此社区生活，难道也是这个集体的人吗？集体的成员资格如何界定？这些问题与法律法规对于农民（约一半或是大于一半的女性，因男子外出务工居多）地权稳定的相关规定相冲突。按照集体所有制的原则，可以收回已不属于该集体成员的出嫁女土地权益；而按照稳定地权的法律原则，则应该保障妇女的土地权益。

第二，妇女土地权益“明规则”与“潜规则”的悖论。

我国传统农业社会形成了以男性为本位的宗法制，自古就有“祖业”不能传给外姓人之训。历史上即便是宫廷斗争，对于外戚篡权也为人所不齿。而从夫居更是中国之传统，即便是在城里，结婚双方多以男方提供住房为主，更不用说更为保守的农村。男方到女方家落户是少见现象，往往会被称为“倒插门”。虽然这种与封建宗法相适应的文化越来越不适应现代文明的要求，但是已经在路径依赖的作用下形成“潜规则”，并且这种潜规则的影响和支配力甚至超过法律法规所规定的“明规则”。于是女方出嫁后，不能争夺娘家财产在广大的农村地区成为惯例，甚至包括本来法定属于自己承包和使用的农用地、宅基地，在“长久不变”的政策下也自然归于娘家了。

这种背景下，妇女土地财产权益问题虽然由法律保障，但由于“明规则”不敌“潜规则”，造成妇女土地财产权益流失。而相关研究，有的把妇女土地权益流失的原因之一归结为妇女受教育程度低，缺乏维权意识①。不少文献关注妇女如何用法律手段维权以及社会如何提供相关法律救济措施等问题。但是笔者认为这些都不触及“根本”，而是“皮毛”问题。人是社会关系中的人，如果妇女为了维权，触动既定秩序，同娘家或是老家的村集体打官司，去争执不休，那么她这种选择行为的交易成本太大。即使争得了自己应有的权益，那她还要不要“做人”？这种情况下，即便当事人受教育程度很高，对于自身权益的损失有极强的自我意识，她又能如何选择呢？问题主要不在于是否受一定教育，也不在于如何通过法律手段维权，而在于国家如何通过完善法律法实施程序，提供行之有效的制度来代替不合理甚至不合法的“潜规则”。

政策法规的“明规则”与风俗习惯的“潜规则”（正式制度与非正式制度）发生矛盾，并且在“明规则”体系内部也发生矛盾，如稳定承包期的政策精神和法律规定与土地集体所有制的矛盾。这两重矛盾导致过高的制度摩擦成本，这些成本直接的表现是公平的缺失、两性冲突、计划生育难度的加大等。

---

① 张笑寒、吴龙桓：《农村女土地维权行为及现实制约》，《农村经济》，2012 年第 3 期。

6

基于社会生态成本节约的农地流转对策建议

如前所述，农地集体产权的主体虚位状态，大大增加了农地流转的交易成本。而一系列配套制度的不完善，又增加了农民的土地流转交易风险成本，无法使农民无后顾之忧地将农地流转出去，从而导致人力资源和土地资源的双重浪费，增加了制度的执行成本和资源协调利用的机会成本。这种相关制度的缺陷，导致征地冲突不减，农村和城市两头土地低效利用，加剧人与自然的关系紧张；同时，使社会关系紧张。为此，必须从完善相关制度入手，并结合新的时代需要，设计新农地流转制度。关键是重构政府与市场（农民）的关系，使农地流转符合人与自然、人与社会两重关系的均衡，通过降低农地流转交易的社会成本，使社会生态系统优化。而一系列的现实问题，又直接成为阻碍社会生态的优化的短板问题。这些问题的解决，可以通过构建相关制度，通过制度调节农地流转相关主体行为的交易费用，引导农地流转主体流转行为选择朝向符合社会生态发展之目标。因而在这里，交易费用是制度改革的参照系，要使制度朝着有利于节约社会成本的角度出发，以增加制度的生态效率；交易费用又是调节工具，使逆生态的农地流转行为必须付出高昂的交易费用，从而达到节制这种行为之目的。对利好于社会生态发展的农地流转行为（如退耕返林），从制度环境上为行为主体交易费用的降低创造条件。通过政策措施，调节交易主体的交易费用，以使个人的交易成本等于社会生态交易成本。这里的制度，取自于新制度经济学里的制度之义，不仅包括具体的规则，还包括经济活动的组织形式。

6.1 三权分置框架下强化产权制度“硬核”

如前所述，农地流转的核心问题是产权问题，产权是由法律制度保障的一种人对物的权利，但它同时又反映一种社会关系，甚至折射了政府与市场的关系。或说私权与公权的关系。如果农地的实际经营承包权具有财产属性，并且承认财产权神圣不可侵犯，那么产权无疑可以大于强权，因为它的背后是国家机器作为后盾给予其保障。但在实践中，由于认识和制度方面的不到位，“充分发挥市场在资源配置中的基础性作用”的政策诉求成为一句空口号。其根子在于“产权”不硬，私人产权无法约束公权，导致公权负外部性问题突出。

而前述产权主体不清状态下的普遍的投机行为，使农地发生“租值耗散”，使人与自然、人与社会两重关系失衡。原因也在于产权制度的财产保护功能和排他性功能不到位，相关主体都在极力寻找租金的最大化。农地流转本质上是权利在不同主体之间（包括私人之间或是私人与政府组织、民间组织之间）的让渡。因而，要使农地流转体现人地最佳结合、土地资源集约利用，政府与市场主体、市场主体与市场主体之间必须权利边界明晰，方能平衡各方利益的要求。然而，《宪法》及相关法律规定我国农地属于农村集体所有，而集体所有的产权主体虚置问题被广为诟病。有众多学者认为所有权问题是根本问题，但本研究认为，在集体所有制的大框架下强化产权硬核，更富有建设性，关键是要把承包经营权以及宅基地的使用权定位为财产权。为此，首先要澄清在土地产权认识问题上的误区，形成共识。切实强化产权制度对财产保护的权威性和排他性功能，以产权制度的“硬核”，约束不受控制的公共权力以及规范农地主体的经济行为，从而避免农地之“租值”流失，降低农地流转交易的社会生态成本。

6.1.1 三权分置框架下，硬化集体所有权为基础“稳定”和“放活”

三权分置政策提出之前，我国农地制度虽然为集体所有，但是集体所有权并没有实质性地得到实现。

如果没有农民集体所有权的稳定，承包权和经营权在行政权力的消解下，不可能有“稳定”和“放活”的基础和条件。为此，三权分置政策框架下，要硬化集体所有权，破解集体虚化的状态，提升其代表农民在与政府土地权益博弈中对政府的制衡能力。同时，必须明确集体的“属农民”性，集体是农民的集体。在做实农民集体所有权的基础上，再稳定承包权，并放活经营权，从而减少农地流转交易中的政治风险和社会风险成本，节约农地流转交易费用。

6.1.2 打破公私之争，土地使用权确权到人

如前所述，当前农地产权制度设计的相关学术观点，大体上围绕农地“姓公”还是“姓私”问题。有关农地产权制度的安排，前述相关理论观点所涉及的问题，其根子并不在于农地“姓公”还是“姓私”，而在于农地产权主体不清，形成很大的机空间，从而导致农地利用无序、保护不力，自然环境破坏、社会关系紧张。因而，一方面，要正视这个问题，才能有助于抓住问题的症结；另一方面，要尊重既定现实，在现有的制度框架内，明确土地使用权的物权（财产权）属性，并以使用权的财产权制衡公权对农民土地的不当损害，以及在农民土地使用权参与博弈的过程中，客观上增大征地的交易费用，从而加大农地保护力度。

农地产权主体不清是导致社会投机行为盛行的原因，前文已经详细分析了由于土地产权主体不清，导致政府、农民及相关商人有更大的投机空间。当前我国农地产权制度安排——农村集体所有制是宪法和相关法律所规定的。按主流政治理论的解释语境，集体所有制是一种公有制的实现形式。但是在所谓集体所有的虚置产权安排下，一方面，农地实际上为国家所有，国家可以以城市化、公益用途的名义，以征地的方式将农地转化为商业用地。另一方面，乡镇或村两委又通常行使着农民代理人的角色，实际操控着农地的规划和农地非农化谈判等。而比较突出的是，农地非农的转化形成很大的级差价格，而补给农民的又是何其少，因为在法律上来说，土地本来就“不是”农民的（这里面忽视了土地是集体的，但农民是集体成员这样一个事实）。这种制度下，包括征地在内的农地流转方式，其交易的社会成本表现为：从私人或是政府组织主

体来说，各自都在盘算着如何节约交易费用，获得最多的“租值”。从全社会来说，其交易费用表现为：土地自然资源和环境价值流失，即“租值耗散”；利益分配失调，即社会风险成本增大；经济不可持续的危机，即未来经济持续增长的机会成本增大。

这些土地投机的乱象，关键在于产权不清留下过大的利益争夺投机空间，即“巴泽尔困境”①。而无论是公有产权还是私有产权，在法权不明或是法制不健全的状态下，都会有公权或是公权与资本权合谋侵害私权现象发生。当然产权主体虚置的集体所有制安排并不是问题的症结之所在。例如我国城市房产仅 70 年产权，可谓私人的权属很明确，至少并不存在着像农村土地“集体”权属的主体不清，但是由政府拆迁导致的利益纠葛同样不少。因而，无论是在法权上将农地归于国家所有、集体所有还是农民私有均不是根本问题。世界上任何农地私有的国家，其国家对土地的管理权、以公益为目的的规划权，并不一定很弱，在于如何明确和规范权益边界问题。以日本为例，日本的农地规定为私有，但是它有完备的土地法规，并且从多方面（如土地使用的功能属性）对农地经营主体实行规制。如日本的《土地征用法》对公益事业的范围、征地前期准备、政府（都道府县知事等）、事业开发者与土地主体的协调关系（如向土地主体购买权利、形成协约关系等等）、纠纷的调解、征地补偿、违规罚款等方方面面的权益问题，都有详细规定②。因而，我国农地产权制度改革要借鉴国外（包括农地私有制国家）的经验，关键在于以法制为后盾，对农地进行确权。

所谓确权，就是从法律上确定人对于某物的权属关系，唯有确定政府、农民土地权益边界，才能有效地制约目前土地主体权益不清导致的公权以权谋私、公权决策不当，以及私权负外部性（如擅自改变土地属性等）问题。在目前相关法律和制度框架内，确权并不意味着一定要把土地所有权界定给农民，关键是土地承包（使用）权的定位问题。在我国传统的农业社会，田底权（地主的土地资产权）、田面权（佃农或是资本主体的经营权）两权均能得到制度的保障，可作为借鉴。当前土地制度下的投机乱象，以及农民土地权益

---

① 巴泽尔：《产权的经济分析》，费方域、段毅才译，上海三联书店，1997 年。

② 《日本的国土利用及土地征用法律精选》，姜贵善译，世界地质出版社，2000 年，第 47 - 121 页。

屡受侵害，关键问题不在于农民私人没有土地所有权（土地集体所有），而是农民土地使用权如何定位，以及如何强化集体的“农民”属性，避免集体组织异化为政府代言人。

为此，本书认为，农地确权的主要内容包括：第一，对农地承包权定位问题，将承包权确定为农民的财产权；第二，明确土地属性，如宅基地、耕地等，根据土地属性对应相应权益，如果要变更土地属性不是不可以，而是要在相关法律法规的条件下，不同属性土地加上纳税的交易成本达到边际收益为0；第三，明确政府征地用途的公益性权限，杜绝商业性征地；第四，明确集体组织的所指及其成员资格，以及两者之间的权属关系，使集体权益从属于集体成员的权益，更大程度降低集体代理的交易费用。长期以来，经营承包被定位为从属于所有权，加之集体所指不清，集体与成员权责不明，从而导致公权侵犯私权现象常有发生，根本就是要给予农民土地承包权的确权，就是明确赋予农民土地承包权的财产权地位。此外，在“三权分置”的制度设计中，本研究认为，核心是所有权和承包权的“两权分置”。至于承包权和经营权分置问题，实际上可理解为在集体所有和集体对土地使用在监控下，经营者从承包权主体通过流转获得的权益，它与工商业经营者从厂房房主那里，通过租用的方式获得的经营权并无二致，至于可能的纠纷，也类同于经济主体经营活动中的交易不确定性成本，与一般的经济活动和法制规范的要求没什么不同。过以复杂地解读三权分置，只会增大对政策的理解成本，以及政策现实操作的交易成本。

从前文综述的观点看，无论“姓公”还是“姓私”的观点者，在“确权”或是“权益边界清晰”这个问题上都没什么异议，并且确权已进入政策实施层面。2017年相关报道，在四川、江西、安徽、河南等9个省区基本完成确权登记工作后，至2018年，全国农村土地确权登记工作已经进入尾声了①。然而目前讲确权，多是指确权到户。本书认为，确权到户有其缺陷性，应该确权到人为妥。理由在于兄弟姐妹分家等，权益重新界定和分配，确权到户比确权到人更能减少不必要的纠纷，节约交易费用。特别是在土地集体所有制的前提下，恰如本书5.2.6所述，出嫁女由于从夫居住的普遍习俗以及土地承包权属长久不变，土地权益得不到保障，甚至风俗习惯和村规民约比国家法律更有

① 高云才：《农村承包地确权进入收尾阶段》，《人民日报》，2018年5月6日。

效。出嫁女出嫁后，其集体成员权得不到保障，新嫁入地又无从分得土地，从而导致妇女土地权益无法保障。只有确权到人，妇女另立门户，其土地权益非经本人到场进行变更登记，将无法被娘家合法化占有，从而增加了娘家随意剥夺女儿土地权益的交易成本，为出嫁女获得补偿提供了更大的可能性。

总之，新一轮的土地制度改革，没必要纠结于“公有”“私有”的分歧中，而是要寻找共识，确立农民土地使用权的财产权地位，并以法律保障的使用权为内容，实现农民作为土地主体同政府、相关商家相对平等的利益博弈地位，并为通过市场流转实现农地优化配置扫清制度障碍。虽然当前物权法规定土地承包经营权是农民的“用益物权”，承认具有财产权属性，但是“用益物权”仍然属于“他物权”的定性，对公权的约束力极其有限。唯有以农地的土地使用权财产化来制衡政府不受约束的土地管理权，才能更好地遏制政府征地冲动，保护农地资源；唯有如此，才能使土地发展权相对均衡化，破解城乡二元结构。

6.1.3 探索农民土地生态发展权补偿机制

农地发展权是农地产权派生出来的权属，只有将农民的农地产权上升到足够“硬”的地位，农民土地发展权才能得到保障。但是，在严格的功能划区和属性定位下，农民的农地发展权可能会受损，因为这里存在着农地发展机会由于政府规制导致的差异。从社会公平和农地保护效率考虑，应该给非建设用地的农地主体以发展权的补偿。目前，有的地方已经启动了农地指标拍卖市场，这种措施在一定程度、一定范围内实现了农地发展权的机会均等化。但是，不具有普遍的意义和可操作性。本书认为，应该建立专门的农地发展权生态补偿账户，对存量农地进行生态发展权补偿，从而实现最广大范围内的农地发展权均衡化。

（1）存量农地主体获得农地生态发展权补偿的依据

如前所述，当前我国农地发展机会与农地的生态保护形成悖论，从公平与生态保护效率出发，必须打破仅仅对被征地的农民给予发展权收益分配的格局，还须考虑对存量土地发展权进行补偿的问题。因为在农地总量控制（如18亿亩耕地红线）、功能区划及农地属性的国家管制下，通过被开发成工用或商用的农地，其发展机会的获得是以存量农地作为农地保护的蓄水池为前提。

第一，从生态价值视角理解存量农地生态发展权及其补偿获取的正当性。

如前所述，农地具有太阳能中转站、维护生物多样性、保护粮食安全等生态价值。正因为如此，这种价值对于实际土地的占有者——农民来说，并不会使农地的价值增加；相反，生态价值是公共领域的价值，这种公共价值越是明显，对于农民来说，在国家规制下土地非农化发展的机会越少。现实的情况是，在逐利的过程中，农地过度非农化使生态破坏，土地资源浪费，造成城市发展泡沫化。对于农地及其依托的生态进行保护，是一个迫在眉睫的问题。为此，对于现存农地主体，因为他坚守农地耕种，守候着土地的生态使命，因而应该获得生态补偿。

既然问题涉及农地生态价值的补偿，那么，如何补偿，补偿多少，这又与农地生态价值核算问题密切相关。目前，农地生态价值核算问题还处在探索阶段，这种价值由于测量困难而难以量化。但是难量化不等于不要量化，常见的是采用模拟市场的方式，在充分论证其合理性的基础上，为其设定一套比较合理的价格体系，即直接定价，其原理是将经济活动的外部性内部化，以达到保护生态和维护公平的目的。这方面生态环境学、生态经济学相关理论可供借鉴。如 R. Costanza（1997）从生态系统服务功能合理化的角度，提出了自然资产的生态服务价值核算体系①。这个自然资产核算体系包括农田和林地（农地之一种）的核算。中国一些学者也对于农地生态价值核算问题提出了一些有益的探讨，但我国并没有将农地纳入生态核算账户。

农地的生态属性决定了围绕农地的经济活动有很强的外部性。农地主体在土地经营活动中，也为社会提供了生态空间相关服务，即他为社会提供了生态服务，理应获得除农产品销售之外的补偿。只是这种被提供的生态价值服务被置于公共领域，没有界定产权。进而言之，从农地不断递减的事实来说，由于农地的减少而必定使农业用地以及与此相关的生态服务更趋于稀缺，而人们在其他物质条件丰富的前提下对生活质量的更高要求导致对环境质量的边际需求递增。伴随着国际贸易战升级和领土纠纷、局部纷争等导致的不稳定因素增加，粮食安全问题更应该引起警觉。农地的生态价值理应由农地的稀缺性而递增，以及由粮食安全战略防范的需要而增值。从这个意义来说，农民或其代表的地方政府应该有生态补偿和生态发展的索取权。“发展权”作为产权集合里

① Costanza R, d'Arge R, de Groot R, Farber S, Grasso M, Hannon B, Limburg K, Naeem S, O'Neill RV, Paruelo J, Raskin RG, Sutton P. The value of the world's ecosystem services and natural capital. Nature, 1997, 387: 253 -260.

的一个要素，甚至是可以让渡或交易的，而只有其主体明晰化才是市场化交易的前提条件。以价格机制为杠杆，通过农地生态发展权的国家定价、市场调节和增殖机制，不仅可以相对实现公平，也有利于对农地保护产生激励作用，从而实现生态效益。

第二，从机会平等视角理解农地生态发展权及其补偿获取的正当性。

农地发展权之所以存在分配的公平与效率问题，不仅与该农地经营当事人、国家（或集体组织）有关系，与非被征地农民也有关系，而后一重关系几乎被忽略。本书认为，非被征地农民获得被征地发展权补偿的依据，除基于生态均衡原理带来的补偿外，还主要表现在机会平等上。

在我国农地资源日趋紧张、国家实行总量控制的前提下，如果征地获得的比较效益远远高于农业经营的效益，那么新增非农化用地指标怎么划定呢？一般来说，在城市周边农地非农化的新增经济价值远远大于边远农村，因而城市近郊农地获得发展权的机会大得多。但我们仍然有一个疑问，就是在总量控制的前提下，没有边远农村恪守农业生产对农地的保护，没有存量农地为农地总体“量”的保持做贡献，会有近郊农地非农化的机会吗？从这个意义来说，农地非农化过程中所获得的比较利益，应与该区域所有的农地一道参与分配，只是在获得收益的量上可以有所差别，这样才能有利于相对公平。而从耕地保护的角度来说，被征农地的发展机会，以国家或是某地方一定量的农地绝对数量为基础，如果突破底线，该被开发地的开发机会就会被政府管制而不可得。从这个意义来说，保护区农地仍坚守着比较利益较低的农业生产，事实上也就坚守了对农地的保护，而给了被征地农地的发展机会。当务之急是要形成农地保护的激励机制，针对农地进行发展机会权的价格补偿，避免农民越保护农地越穷导致农地保护积极性受挫。发展权的价格补偿无疑是很好的激励。

（2）探索农地发展权生态补偿，维护公平与效率

由以上分析可知，农地资源的硬约束，以及农地的生态属性，决定了任何农地获得非农化发展的机会，均是以存量农地的“存量”保障为基础的。农地发展权分配，应该恪守公平与效率均衡的原则。而生态理论，以及经济学的机会成本理论，均可作为对于未非农化农地发展权补偿的理论基础。只有充分重视存量农地主体的生态发展权，并且这种生态发展权通过生态补偿得到实现，才能在农业比较利益低下的现实情况下，破解农地主体对农地越保护越穷的悖论，增强农地资源保护的积极性。然而存量农地相关主体获得这种生态发

展权利益分配，前提是能够找到一个农地生态核算指标体系。如前所述，农地具有自然资源的属性，这是不争的事实，但是我国资源性产品定价方法不完善，基本不包括环境成本（外部性成本）①。只有对农地的生态价值进行量化处理，才有可操作性，因而须进一步探索和设定农地管理的生态账户，以维护农地发展权问题的利益公平和农地及农地生态的保护。通过机会成本考量，可以探索在农地总量控制的前提下，建立农地发展权指标市场，以价格机制为杠杆，以市场均衡的原理，通过发展权“机会”的拍卖和交换，达到农地生态发展权的均衡，从而实现相对公平和社会效益的提升。例如林地的承包者，可以将绿化的指标拍卖给绿化不足的地区，由后者向前者支付生态补偿，从而将前者任务之外多余的指标拍卖给没有完成任务的后者，但前者要承担保护森林的职责，否则支付将终止，借此使前者完成后者的绿化指标任务，达到总体生态目标。这就要求由政府牵头，进行初始产权界定。此外，政府在征地的过程中，还可以考虑将土地出让金拿出一部分，建立农地生态补偿基金，实现专款专用，以价格补偿的方式实现存量农地相关主体的农地生态发展权价格补偿。而这种补偿的公平性在于，正外部性主体获得了报酬激励，负外部性主体支付了经济补偿；而这种经济手段的平衡调节农地生态的效率在于，使生态分工专业化，使不适宜生态发展或更具有工商业区位优势的地区专注于优势产业，从而节约了交易的社会成本。

6.2 完善“制度保护带”：减少农地流转的社会生态机会成本

前述农地产权制度是农地制度的硬核，是农地流转的基础，农民的土地产权（哪怕只是使用权）“硬”，才能使农民免于强权的不当侵犯。只有产权是明确的，才能减少农地流转交易中的不确定性，降低交易成本。排除农民参与博弈的土地非农化流转的交易成本看似很低，实际上它转化为价格扭曲导致的

① 吴文庆：《我国资源环境价格改革的路径选择与配套措施研究》，《价格理论与实践》，2011年第8期。

资源错配、破坏资源环境等社会成本。然而，光讲制度硬核还不够，在中国城乡二元结构突出、社保不全、资源环境税不完善的大背景下，农民宁可将土地撂荒也不敢流转出去。因而，要完善农地生态化流转机制，还必须有农地登记、社会保障、资源税制等相关制度配套，形成制度“保护带”。

6.2.1 完善确权到人的农地流转登记制度

如前所述，农地信息登记（地籍）制度是农地交易的制度环境之一，可以使农地交易走向法制化轨道。农地属不动产，不动产交易的登记制度已经很成熟了。在土地征信信息库建设比较完备（目前技术上不是问题）的条件下，完善农地流转登记制度，使交易有案可查，不仅可以节约交易双方违约的成本，而且如前所述可以更大程度保障农村出嫁女的土地权益。无论是从农民土地财产权强化的角度，还是从农地资源在更广大范围配置，从而实现更大资源效率的角度，或是从妇女土地权益保障的角度，以个人为权益主体的农地信息登记制度都有十分重要的意义。理由在于：首先，登记主体不是村集体，而在于个人，它可以强化农地实际的占有权，从而强化农民的财产权以及实现农地市场化配置范围，使农地资源有更大的配置效率。其次，在确权到人的条件下，通过登记制度可保护妇女土地权益，这是因为土地登记的名分不再以户主为唯一，而是以共有产权的方式登记造册并进入信息库。这样可以有效地避免产权主体不清状态下妇女权益流失。加之有前述相关法律法规配套，在任何人处置土地（包括作为遗产继承）时，只要有完全民事行为能力，均要求所有财产共有人签字画押，报有关部门备案并进入信息库，而不仅仅是户主签字即可。妇女即使出嫁，其娘家人或是原村集体在处置其土地时，在法律程序上，如果不经本人签字均无法律效力，包括在征地补偿过程中，获益人拿到补偿的必不可少的环节就是本人签字。唯有如此，于法，妇女可以获得更有力的土地权益保障；于情，村集体或是娘家人也不至于剥夺亲自到场的妇女土地权益，除非妇女有放弃权益的书面承诺并履行赠予或过户手续。这更能有效地保障妇女土地权益。也只有如此，才可以使“明规则”落到实处，打破不合理的“潜规则”导致的性别冲突，减少关系摩擦成本。

6.2.2 实现“土地保障”向“社会保障”转型

有关农村社会保障构建问题，从国家财力来说，从城市化过程中农地非农化的土地出让金拿出一点，其他公共性事务节约一点，农民自己缴纳一点，笔者认为不成为大问题；而从农村社会保障体系构建技术操作来说，也不存在问题，只是在人为地设置针对不同群体的不类别的社保体系过程中，增加了操作的难度，人为地造成了职业改变后的接续障碍及社会摩擦，增大了交易的社会成本。因而在澄清土地承担农民个人社会保障职能的不当认识前提下，构建统一的国民社会保障体系是完善社会保障制度的不二法门。

（1）搞清两个问题：“能不能”和“该不该”

有关“土地保障”的认识问题，集中在土地“能不能”和“该不该”承担社会保障职能。农村土地“能不能”承担保障职能呢？首先，要考察农地的现实价格是否足以承载社会保障功能。从农地的资产属性和现行制度来说，土地作为不动产，它不同于其他资产可以随人流动，在当前虚置的集体所有制产权制度下，甚至连流转都会有障碍。它不等于商业开发用地的高附加值，在国家管制农村土地农用属性、限制农地非农发展的前提下，农地的流转价格也很低。其转包价格从每年几十元一亩到两三百元不等，而普通农户的承包地规模一般也就几亩十几亩不等。根据国家统计局公布的数据，2011 年农民人均经营耕地 2.3 亩。这样，以人均一年 200—300 元每亩的租金价值做参照，大体可以反映农民年占有土地的市场比较价格。如此之低价，又如何能承担起社会保障之重呢？其次，要考察建立在农地基础上的农业生产剩余能不能承载社会保障功能。以 2011 年农村居民农业收入人均仅 1896.67 元这一数据作参照，它不及城镇职工该年的月平均工资，大大低于劳动力平均机会成本。由此可见，土地不堪担负社会保障之重。

农村土地“应不应该”承担社会保障功能呢？说该承担社会保障功能，是因为农村土地为农民提供了就业岗位，于是想当然就认为土地应该行使社会保障功能。但是这里忽视了两点：一是城市非农就业岗位者要不要社会保障，是不是有工作岗位就不用保障；二是农地提供的岗位是不是比其他岗位的效益更高，足以额外承担起农民社会保障的重任。而从上述人均田亩数以及农业的人平均收入来看，土地收益远远比其他领域的岗位收益要低。收益高（比如公务员及大型国企、事业单位）的有完备的社会保障，而收益低的农业就业还要从区区人均不足2000元的土地收益中挤出一部分维系社会保障功能，这明显有违公平。新时期的农村社会保障改革，必须清理对土地“保障”功能的认识误区。

（2）构建国民统一的社会保障体系

如前所述，在目前非农就业机会增大、农业比较效益低下的大背景下，农地的价格（租金）本身无力承担社会保障之重。农地提供的就业岗位同其他工商业、服务业部门的就业岗位也没有任何比较优势，因而更不应该与社会保障挂钩。而从世界大多数发达国家的做法来看，农地不仅不应该承载社会保障职能，反而国家要对农地经营实施补贴。原因在于农业生产的低效益与市场经济要求的高效益反差太大，非补贴无以实现均衡。我国不仅取消了农业税费，也实施了农业直补政策，农村低水平的社会保障也正在普及。但是，当前必须扫除农村“土地保障”向“社会保障”转型的认识障碍，并凝聚共识——农地不能够也不应该承载社会保障职能。以此认识为前提，继续深化我国农村社会保障改革，使一体化的“社会”保障完全代替“土地”保障。

当前可以已有“两险”改革成果为基础，加快和深化城乡一体化的社会保障改革步伐。但当前的情况是，社会保障不仅仅存在城乡二元化结构问题，还表现为多元结构问题。农民、城镇居民、公务员、事业单位职工、企业职工等等各有一套体系。这既有悖于社会主义公平原则，也不利于职业身份变动的社会保障体系转接，徒增制度交易成本。因而，社会保障不应该存在“农民社保”“市民社保”等类别之分，不同之处仅在于与收入挂钩的缴存账户。未来改革的方向应该是构建统一的公民社会保障制度。在目前土地细碎化、家庭联产承包责任制改革边际红利趋零的大背景下，突破“土地保障”模式，构建全社会统一的公民社会保障制度，是新时期加快农地流转、促进劳动力城乡一体化流动的需要，更是体现社会主义公平正义的价值所在。因为只有社会保障完善，才能降低由于制度环境不完善而导致过高的交易费用（如交易的风险成本等），或是降低由于制度配套不到位导致不交易的机会成本。

6.2.3 完善土地税收和规制

农地流转税不等于农地经营税，在漫长的农业文明社会中，乃至到21世纪初，我国农地税均表现为贡赋、交公粮等方式。农业税费改革，事实上意味着我国已取消了农地经营税，甚至国家给予农业补贴（意味着农地经营税为负）。当前，我国农地流转过程中，农地农用并不收税，较为普遍的是代耕代种等土地流转方式，并不需要向国家备案，更不用交税。甚至政府还会以扶持大户、扶持龙头企业为名目，对承租户实行补贴，实为负税收。而从理论上来说，只有国家征地这一唯一途径，才能实现农地非农化用途。

最为典型的是江苏江阴市的华西村，通过村集体自己运作，扒开了国家征地环节。可以说，华西的第一桶金，从很大程度来说是因为它的土地被激活了，并且没有被国家剥夺土地发展权的收益，真正意义上实现了农民“自己”的城市化工商业化[①]。按照现行法律相关规定，严格来说，其在土地上的大量建筑，甚至可以以“非法”来定性。

华西村的成功例子，当然不完全在于打“擦边球”，而在于农民的主体性被激发。但是，不可能每个村集体都有那种魄力去打所谓“擦边球”，或者说都有那种运气得到政府的默许甚至支持。现行的土地制度一般地不容许农民在自己的土地上有更大的“主体性”地位。国家（政府）是唯一的农地非农化主体，一般意义上来说，根本不允许有非政府介入的农地非农化流转。2002 年党的十六大报告中指出：“在更大程度上发挥市场在资源配置中的基础性作用。”[②] 然而，土地作为自然资源，当然也有一切资源的属性，并没有在多大程度上发挥市场的作用。在我国，土地国家垄断有其深刻的历史根源和认识根源。首先，中国作为一个发展中国家，有赶超意识，认为只用通过国家垄断土地资源，才有可能集中国家之力，更快地进行现代化建设。其次，长期以来在认识层面上，认为如果把土地权益完全交给私人，则会导致农地过度非农化，影响粮食安全。

当然，有的人认为，如果农民对于农地有更大的自主权，农民在高税收下可能不愿把农地流转出去，而是闲置在手上不耕种。但是课以农地资源闲置税，情况会不一样。这要求发挥民间的监督力量，设立举报平台。此举好处在于，一方面，你土地要撂荒，得付出代价。这样就可以促使不种地的人把地流转出去，以使资源得到利用，增大土地闲置主体的交易费用；另一方面，正是因为有税收作为控制阀，加之国家对农地的规制政策（如对闲置农地进行税

① 2012 年暑期，笔者到华西村进行实地调研，问导游华西村的别墅群及其他建筑，如山寨版天安门、白宫以及它的第一高楼——龙希国际大酒店所占用土地的性质，几名导游均回答是集体土地。

② 新华月报编：《十六大以来党和国家重要文献选编（上一）》，人民出版社，2005 年第 22 期。

收政策），从而不至于使农地太贵而使想耕种土地的人无法进入。

图6－1中，若无约束条件，农地非农化流转的供求均衡点在E点，此时，市场价格为P_1，可以提供的农地数量为Q_1。然而，鉴于农地资源保护政策，假设最多只能允许Q^*的土地非农化交易，则价格必须上升到P_2才能将非农流转的土地控制到Q^*。但是，农民只是获得了P^*的价格，P_2-P^*即为国家税收部分。而农地农用、非农地农用方面的流转，则不设立流转税甚至给予负税收（补贴），加之国家对抛荒现象的规制，使非从事农业的主体持有农地而进行生产，要付出经济代价。通过税收政策，使市面上农地非农交易的平均获益价格与农地农用转让的价格相等，从而达到均衡。通过税收机制调节农地流转的好处还在于，它很大程度约束了权力的为所欲为，将权力的主观性转换为规则的客观性（见图6－2）。

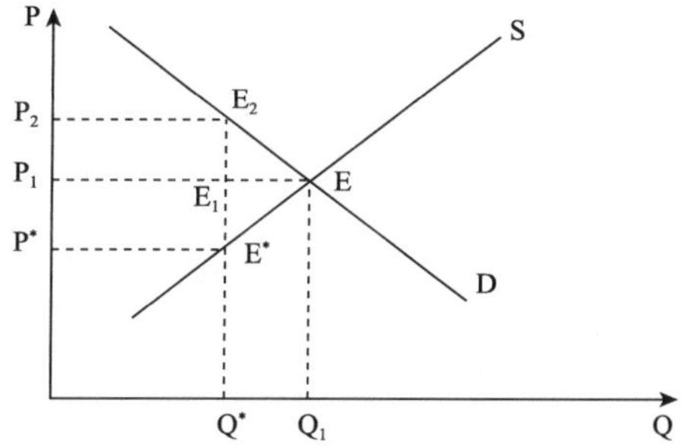

图6－1　税收调节下农地非农化供需曲线

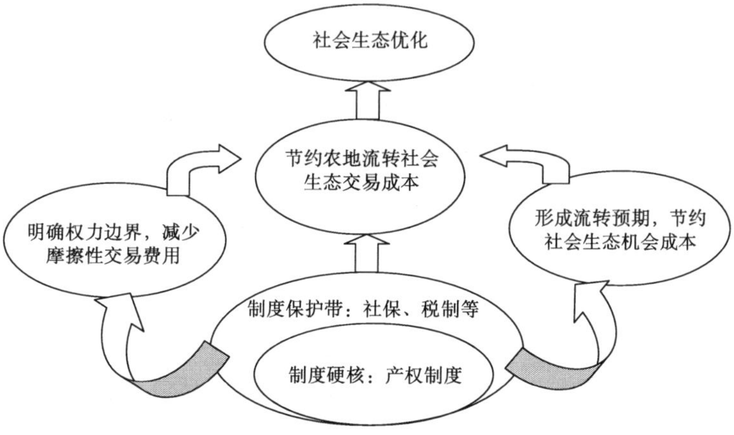

图6－2　农地流转制度硬核、制度保护带与交易的社会生态成本之间的关系

6.3 创新农地流转组织形式

6.3.1 农地流转组织形式与社会生态交易成本

农地资源配置或农地流转的组织形式问题，包括政府与市场的关系、生产大队的集体形式、家庭联产承包责任制、农庭农场、农地股份合作制等。在不同条件下的不同组织模式，其社会生态交易费用不同，社会生态效率也不同。这种交易费用主要是指社会环境成本、决策的信息发现成本、交易的不确定性风险成本、社会利益不均衡摩擦成本以及效率低下导致的资源配置不能走向高效率的机会成本等等。这些成本有的是私人成本，有的是社会成本，或者说有私人成本或社会成本统一的一面，也有对立的一面。而一些成本会影响到人与自然、人与社会双重关系或是说其中一重关系的和谐状态，因而又可从社会生态成本的宏观视角加以考察。

在社会主义建设时期，在集体化的土地组织模式下，根本不存在农地流转问题。但是，这种经营模式的交易费用是高昂的。因为农民共同劳动，人们的劳动与个人报酬不是充分一致，报酬起不到激励的作用，在博弈过程中，均不知道别人是否也会像自己一样努力，这种信息搜寻困难导致的交易费用，转变为农民偷懒的理性选择下的生产效率低下。即便对农民进行监督，那么由于农业生产非标准性特征，将需要大量的专事监督的人员，产生信息不对称下的高昂的监督费用。光由生产队长一人监督是不现实的，因为农业生产并不是标准化的，队长分身无术。加之在监督下劳动，不是基于人与人之间的互相信任，多少有点封建主义和资本主义色彩，与社会主义的诉求不符，容易引发消极怠工等负面效应。因而，监督的成本也是不可估量的。而由部分地区农民先行先试，自发地包产到户，并由政府上层认可并推广的诱致性制度变迁，大大激发了劳动者的生产积极性。原因在于报酬与劳动相关性是可预期的，集体组织和政府的收入并不减少。这样，国家、集体和个人之间利益在可预期的条件下实现了信息透明，节约了交易费用。

由政府推动的农业产业化、规模化以及同企业合作化的组织形式，也存在着不可预知的交易风险成本，特别是违约成本。家庭联产承包责任制的形式，仍是当前农地的基本制度，家庭小块土地的经营模式仍占主要地位。改革开放至今，中央政府甚至一些地方政府也积极牵头，鼓励和提倡种植专业大户、公司+农户、公司+合作组织+农户、合作组织、家庭农场等等。然而，在此过程中，也出现了一些问题。例如，在公司+农户的组织形式中，一方面，由于公司破产或经营不善，先前的订单农业，合作公司不履行合约，而由于资产专用性，农民在其他地方无法销售出去；另一方面，有的公司下了订单，当市场价格变化，农民不履行合约，将产品销往他处，导致公司出现农产品加工的原料困境。当然这种违约的成本，有时在所难免，但关键是这些组织形式，不能由政府强行推动。一方面，虽然政府推动公司与农民的合作，可能会节约公司与多个农民谈判的交易费用，但是政府要承担无限责任，影响政府本职的职能发挥，形成更大的风险；另一方面，由于信息不对称，政府不可能比农民更了解农业生产和倾销的实际情况，强行推行某种模式只会增加交易风险，并容易派生出权力寻租设租的社会成本。更好的方式是，政府搭建公共信息和公共服务平台，让市场主体通过社会交往性活动，诱致组织变迁，从而实现有利于相关主体利益均衡化的农地流转组织模式。本书并不是否认公司+农户等组织模式的可行性，无论何种组织形式，只要是适宜的，都值得提倡。前提是冷暖自知，农民要自己觉得好。

“三农”问题是目前我国社会生态短板问题之一，原因在于涉及城乡两大关系失衡。前述几个突出问题，如土地生态价格缺失、城镇化战略下的土地流转、农村妇女土地权益，其实都涉及“三农”问题。“三农”问题实为城乡二元结构问题，城乡二元结构以前最大的问题在于户籍，随着户籍问题的淡化，实际上最为突出者为城乡土地二元结构问题，即农地非农流转的土地升值，没有返还给农村。前述新型城镇化建设，要总结过去城市化造成城乡隔离的教训，即城镇化要更多地以农民草根社会为基础，以农民的内生需求为内在驱动力量。农民可以选择一般的专业户、专业大户、家庭农场、土地股份合作制甚至工商企业的组织形式，而不是由政府强行推动某种组织方式。前提是农民根据自身的条件和发展的变化，由市场机制作为动力，采取适宜的组织形式。这样，从大的方面来说，可以明确政府定位，明晰政府的公共服务而不是经济直接参与者的职能，从而节约政府公共管理的交易成本。这种由市场驱动的组织形式，由于它基本排除行政权力的涉入，可使交易主体的权益相对均衡化，从而降低社会发展过程中利益分配不均衡导致的交易成本。从小的方面来说，农民在经营过程中，在充分掌握信息为基础的选择和发展过程，可以降低节约经营不确定性风险造成的交易费用。

6.3.2 重构政府与市场关系，实现城镇化道路战略转型

政府与市场的关系是农地流转宏观组织方式问题。十八大报告指明，“坚持走中国特色新型工业化、信息化、城镇化、农业现代化道路，推动信息化和工业化深度融合、工业化和城镇化良性互动、城镇化和农业现代化相互协调”的“四化”同步发展战略①。这为破解“三农”问题，实现城乡一体化发展提供了较科学的“系统性”构想。不能就工业化谈工业化，就“三农”谈“三农”，就城镇化谈城镇化，而是要将这些子系统放到现代化的大系统的关联性中去考察。一般来说，城市化与城镇化是既相联系又有一定区别的概念，党的十八大报告中的“城镇化”，无疑应该理解为联系着居民生产生活的城镇。这种城镇的居民主体，未必都要转化为户籍意义上的市民，既可以是农民，也可以是市民，因而城镇化有别于“农转非”式的城市化。但是，无论是城市化还是城镇化，其基础都在于建设。前提是通过土地流转达到聚集效应。如前所述，我国工业化城市化伴随着政府征地的外生力量启动，表现上实现了高速度、低成本城市化。但是这种发展方式，导致城市发展方式粗放、城乡差距和阶层对立，以及农民与政府关系紧张，政府本位的低成本非农流转外化为交易的社会生态失衡的成本。因而要求确立新的农地流转理念，实现由外力推动到内生动力的发展方式转型。

（1）外力推动到内生动力：新型城镇化理念转型

如前所述，我国城市化进程中，土地流转及其整合体现为外力强制性变迁。因为它不是在草根阶层利益博弈下，以演化的方式产生的，因而缺乏发展过程中社会的经验积累，甚至城市建设过程中，在决策者“经验有限”、信息不完全的情况下进行判断，往往使城市缺乏人性化。在高楼大厦林立、立交桥

---

① 《胡锦涛在中国共产党第十八次全国代表大会上的报告》，《中国共产党第十八次全国代表大会文件汇编》，人民出版社，2012年，第19页。

四通八达的现代化“概念”中，疏离了人与城市的交融关系，使历史文化记忆被打破，形成城市千篇一律的单调状态。

在经济社会转型初期，政府对于经济建设的宏观规划和行政力量的主导作用，无疑是无以替代的。没有政府通过顶层设计和行政权力强力推动，而仅靠一种内生式的社会演化力量，那么中国城市化速度，甚至整个经济发展的速度将是缓慢的，将不适应落后的中国参与工业化国家的国际竞争大形势，但这种模式只能作为经济社会转型的特殊阶段的非常规手段。当社会经济发展到一定程度并趋于稳态时，这种增长方式将无以为继。原因在于：第一，经济增长到一定程度，城市化城镇化建设有走内涵式发展的经济基础。第二，民众的经济民主意识和维权意识增强，特别是在多元文化代替过去以集体主义作为主要诉求的大背景下，情况更是如此。第三，人们对经济发展规律认识更趋于深化，更趋于对全面、协调和可持续发展理念的认同。任何排斥民众参与，又涉及民众利益的行政行为，均得不到拥护甚至招来抵制。新型城市化战略则应当寻求一种内在的发展动力，以制度的改良来“诱致”经济社会的良性变迁，使经济社会均衡发展。土地是经济社会发展的基础，在其流转和整合过程中，过去以政府为主体的，自上而下命令式、强制性土地征收（用）制度所导致的社会问题应该得到正视。如果把过去这些问题看作是快速城市化的必要社会成本，那么在由此造成的发展不均衡影响社会公平正义，甚至严重影响社会稳定的现实情况下，在倡导科学发展理念的今天，转换城市（镇）增长方式刻不容缓。应该以一种渐进式的发展，在相关利益主体各自寻找自身利益最大化博弈中的均衡状态下，演化成一种对制度的需求，进而影响上层制定新的政策法规等，从而催生一种新的制度。这样，可以充分避免政治上层信息不充分而脱离实际的草率决策、在决策过程中可能发生的决策者自己利益偏好取向，以及“搭便车”等外部不经济的行为。继而形成农民、政府和相关商人之间相对和谐、合作而不是对抗的关系状态，有利于利益分配均衡及社会稳定。

（2）探寻内生动力：政府与市场关系的重构

如前所述，外力主推的城市化经验和教训说明，新型城镇化要根据城乡社会系统各要素自身，在各种关系中形成“力的平行四边形”，从而在这种力量平衡中达到自组织性的发展。城乡社会协调发展的主体是普通农民和市民，而不是管理精英（后者为前者服务）。在相关经济不同主体平等博弈、达成利益均衡化的前提下，制度才能真正体现真实的社会需求，而不是任由某个人、某个组织撇开社会主体的利益诉求，把一般民众的意志排除在外，以一种精英的姿态就可以设计好的。在哈耶克看来，城市化发展在市场引导系统上加一个行政管制系统，并不会更好，反而可能造成不可预知的恶果①。

如前所述，我国农地产权制度的安排，属村集体所有。集体作为代理，往往无法保障农民土地权益不受侵犯。许多村在启动项目进行土地流转时，普通农民并没有参与合约的制订甚至没有看到合约，通常由代理人说了算。产权的缺失，是农民没有博弈地位的根源。产权应该是法律规定的神圣权利，它应该大于任何的强权。因而，合理的产权关系，是农民争取平等博弈权的基础。为此，首先，要明晰农地产权主体，进行土地确权，为农地城镇化流转和整合提供制度前提；其次，要完善社会保障和土地出让的税收制度，使农民敢于将土地流转出去，政府在管理上又不至于失范和无序；最后，探索农民家庭农场、农地股份合作制甚至农业工商企业等组织形式，使城镇（市）宜居宜业，使城镇化成为农民自己的城镇化，而不像过去城市化进程中，城市被异化为农村的对立物，造成城乡隔离（见图6－3）。

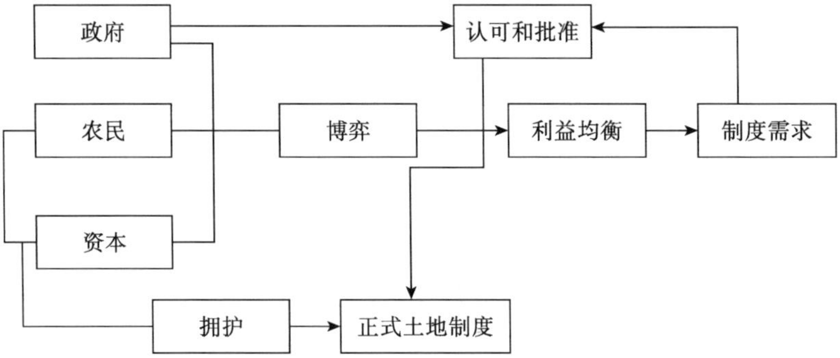

图6－3 以市场为驱动力量的城镇化进程中政府、农民与资本方之间的关系

在现行农地制度背景下，城镇化建设的前提是要通过农地产业化、非农化流转，或是国有土地（按法律规定农村土地属农村集体所有）资源的重新配置来获得土地聚集。党的十八届三中全会提到农村建设用地和城市建设用地同地同权的问题，这无疑可以为新型城镇化建设的土地流转制度松绑。但值得一提的是，我国基本的土地法律法规没有变化，这种政策的落实也是不明朗的，

① ［英］哈耶克：《自由秩序原理（下）》，邓正来译，三联书店，1997年，第117页。

无疑在具体操作中，会增大交易费用。在城镇化建设中，有的采用类似于农村集体土地上的“小产权房”模式。最近的政策精神并没有将小产权房合法化，继续此模式，必定会在违法的道路上越走越远，从而大大增加城镇（市）建设的不确定性风险成本。为此，必须探索相关法律法规的完善，保证明朗交易的环境，从而节约城镇化建设过程中的土地流转交易费用。

总之，以市场为平台，采用经济主体博弈形成的经济系统内生式农地流转模式，在转型后期的今天，可以节约交易的社会生态成本。主要表现为：第一，由于以市场的内在需求为动力，驱动农地流转，有利于节约城市粗放增长造成的土地资源浪费成本；第二，由于以市场为本位，更多地排除了权力的不当使用，有利于以市场租金代替权力租金而节约行政成本；第三，有利于排除城市化过程中人地不匹配的风险成本；第四，有利于节约城乡发展不平衡的协调成本以及由于权力的渗入造成的阶层落差协调成本；第五，有利于协调政府与农民之间的关系，减少政府信用缺失的成本。

6.3.3 探索农地股份合作制，增加农民土地发展权机会

实行农地股份合作制的农地流转模式，比传统意义上的土地流转，不同之处在于：传统的农地流转，在农民非农收入不稳定，农村社会保障水平较低的现实状况下，会增加农民失地后的社会风险。一般来说，理性的农民也会考虑这点，故在农业比较效益低下的现实情况下，有的农民宁可将土地撂荒也不愿意将农地流转出去，从而导致土地资源闲置或低效利用。农地股份合作制是指农民将土地交于组建的合作组织，实现农民土地经营权和农民财产意义上的所有权的两权分离。农地股份合作制的组织模式有利于土地资源的配置效率，已为很多研究所关注。本部分探讨了通过农地股份合作组织打破由国家或是大资本通过追加投资，形成对土地发展权收益垄断的理论和现实依据，提出以农地股份合作制组织模式的创新实现土地发展权（增值）收益在农民中分配的设想。

（1）政府强势下农地非农流转与农民土地发展权缺失

有关农地发展权的相关文献，前文已经作了详述。归结起来大致包括：第一，什么是农地发展权？广义为农地增值收益权，狭义为农地非农化带来的增值收益权。第二，农民拥有农地发展权的现状如何？从相关文献来看，农民土

地发展权缺失为基本共识。第三，如何解决农民农地发展权不足的问题？相关的回答是“要给”农民土地发展权，多着眼于法律法规的完善来保障农民的土地发展权。

首先，农地股份制相关文献多见于从土地产权及制度改革方面去探讨其意义。肖艳（1998）认为，实现股份合作制的土地组织模式，可以有效地改变集体所有制条件下农民不愿流转土地的现状，以及消除农地实体平均分配给农民后，农民只关注家庭经营中个人私益，而不关注集体公益的弊端。因而将土地股权代替土地实体权平均分配给农民，是一种农地产权制产创新的思路①。王玉霞等（2009）则直接把农民土地股份合作制理解为类似于以往农地制度改革的制度创新②。土地使用权是产权集合里的范畴之一。伍世安等（2002）认为，在现行承包地对于农业产业结构和产业升级存在弊端的背景下，土地使用权股权化不失为农村土地使用权创新的一种新视角③。其次，从农地流转的角度关注农地股份合作制创新。彭富明（2009）认为，土地股份合作实现了农地所有权、承包权和经营权的分离，解决了土地流转中存在的诸如产权不清、稳定与公平无法兼顾、分散经营的规模不经济等问题，因而它是土地流转模式的突破④。最后，从公平与效率方面来考察农地股份制模式。较多文献论述了股份制的农地制度比家庭经营模式更具有规模经济、产业升级等效率（如伍世安等，2002）。钱忠好（2007）指出，农地股份合作制可能带来效率提升，也可能造成效率损失，为此必须明确农地股份合作制性质、改革和完善相关法律、赋予农民个人土地股权以物权属性、提高农民谈判能力、规范政府行为、完善农地股份合作社的管理模式、合理设置并明晰农地股权、赋予农民农地股份合作社成员退出权等，从而更有效地提升外部效率，实现公平与效率的统一⑤。

上述两类研究中，第一类关于农地发展权问题的不少文献，都关注到农地

---

① 肖艳：《土地股份合作制：农村土地产权制度改革的一种形式》，《福建论坛》（经济社会版），1996 年第 8 期。

② 王玉霞、朱艳：《制度变迁视角下的家庭承包经营和农村土地股份合作制度》，《云南财经大学学报》，2009 年第 1 期。

③ 伍世安、方石玉：《土地使用权股份化——农村土地使用制度新探索》，《当代财经》，2001 年第 2 期。

④ 彭富明：《土地股份合作制：农村土地流转模式的重大突破》，《特区经济》，2009 年第 6 期。

⑤ 钱忠好：《外部利润、效率损失与农地股份合作制度创新》，《江海学刊》，2007 年第 1 期。

发展权分配不公，但是解决这个问题，多着眼于政府应该怎样给农民发展权。从视角上看，仍然是一种“外生”的力量去改良体制存在的问题的主张。因而，其建设性的意义必定会大打折扣。“三农”问题至今仍称为“问题”，关键在于农民改变自己命运的“内生”力量没有调动起来，因而实现农民组织化不失为一个新的思路。而第二类研究文献——关于农地股份制问题，基本共识为：一是农地股份制是农地制度特别是产权制度的创新；二是农地股份制有利于打破农地流转的障碍；三是农地股份制有利于促进公平与效率的统一，但必须以配套制度如相关法律法规为前提。这三点共识，其核心还是公平与效率的问题，因为进行制度改革以优化农地流转机制，目的是更能促进公平与效率（包括代际公平和可持续发展的效率）。

然而，当前“三农”问题的困扰，不仅表现为国家现代化效率遭遇发展不均衡短板，而且表现为对农民的不公平待遇，有违于社会主义基本的价值取向。无论现代化还是公平问题，均集中表现为城乡差距过大。造成当前这种局面的主要原因不在于工农产品剪刀差，而在于农村土地变成国有土地过程中的土地剪刀差。土地发展权不均衡问题，是造成城乡差距继续扩大的最大原因。政府说了算，农民缺乏市场主体性博弈能力是其根源。但当前学界很少有研究将视角放在农民如何组织起来争取应有的权益，包括抵制土地权益受侵害。而农地股份合作组织，可以定位为农民自己的经济组织，它比原子式的农民维护土地发展权有更大的力量。同时，又可以依托组织的力量追加更大的资本，从而实现土地增值的发展权收益。从农地股份合作组织的角度考察农地发展权问题，是一个全新视角。

（2）农地股份合作制维护农民土地发展权的依据

①有利于打破国家和大资本对农地发展权的垄断。

目前，农地无论是转变为城市化的公益用途，还是转变为工商业用地，它比用于种植业时的原价值有成百倍的价值增长。根据现行《中华人民共和国土地管理法》，政府征收耕地的补偿费，为被征收耕地前三年产值均值的6—10倍，加上青苗补偿费、农业人口的安置补助费等，总和不得超前三年平均年产值的30倍。以水稻种植纯收入500元计，以此为参照也不过1万多元补偿。这个数字说明，被征农地价值低廉，在目前社保不全下，根本不足以支付农民的未来生活保障、再就业费用和城镇落户成本，农民土地财产的代际遗产继承权也被剥夺。对照国有土地的差价，可以看出被征用农地的发展权收益并没惠及被征地农民。以一个二线中等城市的山东济南为例，2012 年该市土地出让金每亩达 370 万元[①]，而一线大城市远不止此数。由此可见，农地非农化产生的级差收益，大部分被国家拿走。当然，国家从理论上来说代表公益，但是土地出让金收益并没有通过转移支付以较足够的数额返还给农村，造成城乡资源分配严重不均。此外，开发商在通过对土地的整合和投资中，也事实上获得了土地的发展权分配，这从近年富翁排行榜中房地产开发商所占的位置可见一斑。

但是，“谁投资谁受益”的原则，事实上剥夺了分散的原子式农民自我投资的权利，因为他们没有这个财力，也等于事实上将农村土地发展权的收益剥夺为国家或是大资本所有。这里忽视了一个问题，我国物权法规定农民的土地承包权是农民的用益物权，这等于承认了土地是农民的财产。如果承认农民对土地有财产权，则“皮之不存，毛将焉附”，追加资本者没有农民提供土地财产为其基础，也就谈不上土地由于追加投资而升值。实行土地股份制，通过合作组织的集体力量，可以增强农民通过合作组织的力量，自己追加土地投资的能力，增强农民、农村与国家和大资本争取发展之利的实力，使土地的增值真正更大程度上归农民、农村所有，从而使农民土地财产收益达到更大化。

前述华西村的例子，实为农民通过村集体牵头，将土地入股，扒开了国家征地的农地流转非农化环节，通过自己的力量激活了土地，其农地非农化的发展权收益完全归自己所有。如果完善土地流转税收机制，华西村模式是无可厚非的。

图 6－4 中，Q 点表示华西村土地总存量，P 表示农地价格，P_1 表示非农地价格。事实上，农地价格与非农地价格的差距是巨大的。华西村的土地无疑最初是农地，它没有通过国农征地的方式而是自己开发运作，这样它以 OQRP 面积的农地资产成本，获得了相当于 OQR_1P_1 的土地资产成本用于工商业化、城市化发展。这就意味着它获得了阴影部分 PRR_1P_1 面积的巨大剩余。

②有利于农地发生聚集效益而升值。

单个家庭经营的方式，使土地细碎化，无法集中成片，造成规模不经济，也影响农业产业化发展和产业升级，这已为学界所关注。股份合作的土地经营模式，打破了各家各户农地各自为界的状态，使农地集中连片，有利于集中规

---

① 《去年土地出让金每亩 370 万》，《济南时报》，2013 年 2 月 23 日。

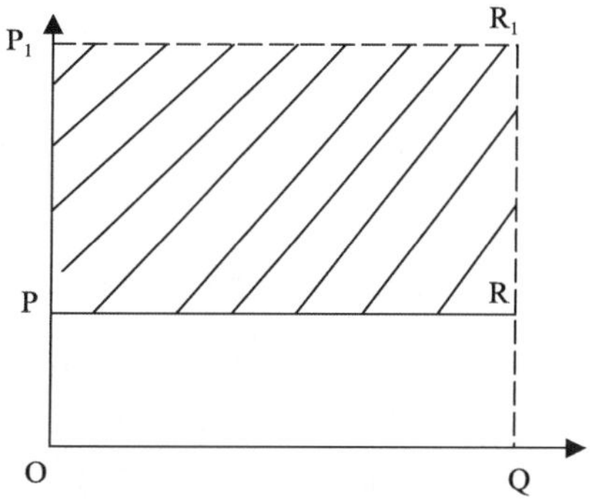

图 6－4 华西村通过自己开发土地获取剩余示意图

划和建设相关基础设施，形成农业产业化、农业工业化的环境条件。这种聚集效应无疑会使农地升值。在此基础上，农民手中的土地股权也可通过分红获利更多，或者股权转让时以出让费增加的形式，实现农民更大的土地发展权收益。

③增加农民农地发展权的潜存机会。

20 世纪 80 年代初的家庭联产承包责任制改革后，直至 2005 年之前，我国农民税费沉重，不仅包括国家规定的农业税，而且税外有费（如“三提五统”收费等）。广大农业不堪忍受农业税费的负担，甚至将土地撂荒，有的交还村集体而导致失地。在取消农业税费改革后的今天，虽然农民土地财产性收入有所增加，但相对于非农就业收入来说，其比较利益依然越来越小，招工难、民工荒导致农民从农的机会成本越来越高。这样，在一些地区特别是相对发达地区，土地撂荒现象仍然严重，这就意味着农地对于一部分农民来说“不值钱”。如果农民甘愿失地，则意味着农民甘愿失去未来土地发展权机会；如果农民甘愿守在土地上等待土地升值，则意味着农民不能从土地上解放出来。实行农地股份合作制，则可以有效地解决农民的这个“两难”选择。农民在无失地之虞的前提下将农地流转出去，在农民获得一定的土地股份收益的同时，也给农民一个土地升值的等待机会。

以农地股份合作制组织方式实现农地农民发展权收益，除打破国家和大商家对农地发展权垄断，使农地形成聚集效应而升值，以及增加农民农地发展权的潜存机会，还表现为土地股权化本身就意味着土地资本化。资本的属性就决定了它有增殖的天性，资本在能人的管理（企业家才能）下，天生地会与市场接轨，当土地成为农民手中的资本，无疑会增加农民资产性收入的机会，使土地资产升值并为农民所有，也就意味着农民土地发展权得到实现。

（3）完善农地股份合作制增进农民土地发展权对策

由于我国农地股份合作经营是一个新现象，一系列的配套制度还不规范，因而有可能在股份合作组织建设和经营管理过程中，出现一些问题，如农地股份合作制组织如何启动，是政府推动还是要农民自发组合。农地组织发起人或农地股份合作制组织的管理者，与持有土地股份的农民之间的责、权、利关系如何，农地股权分红怎么核算等问题，均要合理清理。

制度经济学认为，任何合约都是不完全的，仅存在违约的风险。土地股份合作制中，农民手上的土地股份实为可以流动和转让的合约，也是农民取得股权收益的凭据，但也同样存在着违约的风险。一般来说，农地股份合作制组织由发起人管理，或者说由被农民信任的能人管理。那么这发起人或能人便是作为股东的农民的经营代理人，甚至是这个经济组织的法人代表。由于信息不对称，代理人可能以权谋私。个别管理者可能在经营过程中，利用自己掌握信息充分的优势，通过百般手段，以不符合实际的价格，从农民手中购买农地股权。这样可能的结果是：农地股份制组织经营不好，土地使用权是农民的；经营得好，并且土地得到发展（升值），则通过排斥农民、“变戏法”，变成管理者自己的。

农地股份合作制可以类比于股份制企业。自 1992 年我国实质性股份制企业改革以来，股份制企业也经历了一个不规范的阶段。比如通过股份制改革，国企变私企，导致国有资产流失触目惊心。至今，我国上市公司仍然问题很多，广大股民投资过程中，其升值收益与经济社会发展不成比例，甚至大多数人在投资股市的过程中，累计起来是负收益。

而农地股份合作制组织，有特定的法人代表。作为新事物，虽然处理不好也会落入到像我国股份制企业改革那样的困境中，但不能因噎废食。首先，国有企业股份制改革虽然经历了诸多不规范的问题，但是股份制改革伴随着中国经济的崛起，其成绩也有目共睹，其好的方面值得农村土地股份制改革借鉴。其次，农地股份合作制组织建设也有不同于股份制企业改革的条件。表现为：一是农民主体甚至比企业的职工主体有更民主和自治的传统，这种自治和民主水平甚至超过以高知识员工为主体的企事业单位（这不能不说是一种奇怪的现象）。在基层层面谁侵犯了农民利益，农民会跟谁急，这一点在城市企事业单位却不多见。二是国企改革过程中掺杂了太多的行政权力因素；而农地股份合作制的主体是农民，其经营管理跟理性农民的切身利益有关联，只要不是政府直接介入，直接包办股份合作制组织建设，那么由公权介入以谋取某些人私利的可能性就很小。要在充分接受股份制企业改革教训的基础上，扬长避短。

农地股份合作制组织的建立和运行管理，应该处理好三个层次的关系。第一是政府定位问题。政府进行引导（而不是强迫或是包办），对于股份合作制的土地经营组织的形成有不可替代的作用；另外政府提供制度产品，设立相关的仲裁机构和加强监管是必要的。第二是社会组织的培育。建立股权中介组织，如土地股权交易中心，有利于营造良好的农地股份合作制组织发育环境。第三是股份合作组织内部管理问题。可以以董事会的方式，加强监管，民主决策。总之，在完善内外制度环境的基础上，以农地股份合作制的方式，实现农民农地发展权收益增长机制，是一种有利于实现城乡资源配置均衡化，有利于解决“三农”问题的制度创新。

6.3.4 推动家庭农场组织，实现农地经营规模适度化

在当前家庭联产承包责任制造成土地细碎化，不利于规模经济的背景下，农业生产经营规模问题是一个研究的热点。也正是在这种背景下，个别地方政府越俎代庖，漠视农民的主体性，以农业产业化为名强行推动农地流转，这已为学界批判。当前学术界的共识是，农业生产经营规模并非越大越好，而是以农民为主体，以市场为手段，政府引导和提供服务，推动适度规模经营。其关键点就在于“适度”二字。家庭农场组织形式的提法，无疑体现为对土地细碎化影响规模经济的一种开拓思路，它诉求的是以家庭为单位的农民主体性经营达到的合适规模。伴随着“家庭农场”被 2013 年中央一号文件提及，家庭农场的认定问题成为一个讨论的热点。目前，对于家庭农场的认定标准，许多地方出台了家庭农场登记的认定细则，指出家庭农场的经营和劳动主体是家庭成员，组织目标是农业规模化、集约化、商品化生产经营，家庭主要收入来源是农业收入。然而，究竟多大规模合适，学术界没有定论，其实也没有必要下定论。恰如工商业企业的大小，没有一个统一标准一样，家庭农场的经营规模不可能由学者设定标准，也不应当于由政府设定标准甚至强行推行。根据集约化、商品化生产标准，家庭农场的生产经营，就是要打破过去小农自然经济或半自然经济状态的经营方式，更多、更好地与社会对接，实现社会化生产。而

以家庭农场为组织形式，以农业生产的社会化为目标的家庭农场生产活动，离不开经营主体以市场为平台的社会性交往活动。因而本书认为，农场主以生产经营活动为目标的市场交易活动，是决定家庭农场经营规模的主要因素。

家庭农场的组织形式，比传统的小农经济，其更大的优势在于它打破了传统小农的自然经济属性，如“内卷化”小农，“马铃薯式”小农，需要靠政府和权威去代表，并给以恩赐（如减负、放活等），传统小农形象会彻底颠覆。家庭农场是顺应农业规模化、市场化的有效组织形式之一，其经营主体——家庭农场主无疑成为顺应农业发展的新型农业主体。家庭农场的组织形式，重要的创新类似于工商业组织，能更好地与大市场对接，从而其农业产业链存在更多延伸的机会。这主要是靠家庭农场的社会活动，从社交网络中汲取信息等社会资本来实现。从这个方面来说，家庭农场经营主体不再是传统的小农，他们甚至比城市工薪阶层有更多创业的机会、创富的机会，有更多的资产。

6.3.5 建立妇女自我组织：平衡土地权益分配性别关系

如前所述，在传统农业宗法制文化仍没有消亡的大背景下，村集体的村规民约、集体土地配置决策等等，难免以男性家族为本位。原子式的妇女，想单个地去打破这种强大的风俗习惯决定下的男权利益格局，几乎不可能。虽然妇联在妇女维权方面发挥了重要作用，但是这种官方背景的组织一般远离农村，少有同底层妇女日常打交道的情况。只是在出现了重大的矛盾纠纷时，农村妇女才可能会去想到通过妇联维权。日常生产生活中，在村集体或是家庭涉及侵害妇女利益方面的决策过程中，妇联不可能施加影响。为此，要形成农村妇女的自我组织，这种组织可以由妇联牵头，成为妇联在基层工作的排头兵，但它应该属于农村妇女自己的民间组织，其作用是形成乡村政治生活的压力集团，改变任由男性支配利益格局的局面。这样，当妇女土地权益遭受歧视性侵害时，妇女就可以自己通过自己的组织为自己说话。

农村妇女出嫁后，在土地征信记录比较完备的条件下，土地处置时能够依法获得其财产权益。鉴于土地的不动产性质，妇女出嫁后，其土地实际管理者、占有者或者说使用者为其家人。如果有比较完善而充分的农地市场化流转机制，则出嫁后的妇女能够将其土地乃至附着在宅基地上的房产变现处理。如果有需要，可以通过流转市场，到新的定居地购买土地进行经营或生活。而落实这一点的前提是土地确权到人的制度已经形成。

农地流转的宏观组织形式，主要体现为政府与市场的关系，而微观的组织形式，除上述家庭农场、农地股份合作制以及相关的妇女权益组织以外，还可以是公司+农户、专业大户、甚至工商企业等组织形式。一切由市场多样化决定，政府应该积极引导，而不是越俎代庖。

总之，农地流转组织形式的创新，有利于明确政府与农民在农地流转问题上的权利边界；有利于打破传统小农的自然经济属性，改变农业主体的形象，在适当的妇女自我组织下，农村妇女并不是被动的传统习俗接受者，而是可以成为权益争取的主体。新的农业组织形式，如家庭农场、农地股份合作制等，类似于工商业组织，甚至可以以工商业组织的形式出现，从而能更好地与大市场对接，使农业产业链存在更多延伸的机会。从这个方面来说，新的组织制度下的农业经营主体不再是传统的小农，他们可以通过市场获得更多的社会资本，甚至比城市工薪阶层有更多创业的机会、创富的机会，有更多的资产积累的条件。多样性的组织形式是市场驱动的结果，由经济主体在博弈中形成，从而可以避免信息扭曲导致的交易费用，使社会利益关系不是因为人为的因素而导致失衡，更有利于社会生态优化。

结　语

当前土地资源配置出现的一些问题，与全面深化改革的大背景不相容。本书通过理论的探讨、历史的反思、现实的调研，可知：第一，在改革时代，为适应新的形势，农地流转是共识，但农地怎样流转，特别是将以人与自然、人与社会双重和谐为内容的社会生态优化目标纳入到农地流转行为绩效是个考察的盲点。第二，集体所有制下的农地产权主体不清，是土地投机盛行、农民宁可抛荒也不愿将土地流转出去的主要原因，也是农民土地权益遭受强权侵犯的原因。这种制度安排，从政府主体看，虽然节约了城市化工业化的交易费用（如政府执行力的成本、同农民谈判的成本以及对农民的补偿造成的成本），但是这种交易费用并没有包含土地粗放利用、人与人（社会）之间的关系紧张等导致的资源浪费和维护稳定的成本。这种以征地的非农流转为基础的增长方式越来越难以为继，实际上增加了农地流转的社会交易成本。为此，要强化产权制度“硬核”，赋予农民土地经营承包权、财产权；完善农地信息登记制、农地相关税制、一体化的社会保障制等相关制度等配套，形成农地流转制度“保护带”。第三，农地流转的组织方式会决定农地流转交易的社会生态成本。从宏观组织方面来说，主要体现为政府与市场之间的关系。这两者的关系是动态的，因时因势不同而不同，是政府职能更多代替市场，还是以市场机制更多地代替政府职能，应该以包括社会生态成本在内的交易费用为评判标准。以土地资源的政府规划和利用为基础，以政府行政权力为主要驱动力量，以政府权威为典型特点的中国发展模式，给中国带来了经济增长的世界奇迹，也带来了日益增大的包括土地资源在内的资源压力和环境压力，以及人与自然、人与社会的双重关系紧张，由此产生可持续发展的风险，这实为经济增长的社会生态交易费用。在当前由计划经济向市场经济改革的转型后期，或是说以调结构、转变生产方式为主要内容的全面深化改革期，在农地流转问题上，关键是要实现通过政府放权的包容式增长方式的转变。政府要直接远离经济行为主体的角色定位，转向制定规则和维持秩序，以节约权力失范的腐败成本、复杂经济下政府资源配置差位的信息失灵成本、投机导致的土地租值消耗和土地发展权益再分配失衡导致的社会关系摩擦成本。从微观组织来说，农地流转的组织方式可以是家庭农场、农地股份合作制、专业大户等。这些组织的形成及其规模的大小，可以在政府的引导下，由市场说了算，减少人为设计的主观性导致的决策风险成本以及权力渗透下利益分配失衡导致的社会对抗成本。第四，在强化了产权“硬核”——形成了可以排除包括公权在内的不当侵犯的农地财产权制度，以及夯实了“制度保护带”——使农地流转在程序规则化和有保障的外围制度环境基础上，本书所述的相关突出问题，如自然环境和粮食安全、新型城镇化建设下农地流转模式创新、农地发展权合理分配、农村妇女土地权益保障等等，都可以迎刃而解。这些问题又可以归结为人与自然、人与社会两重关系问题（如前所述，良好的社会生态内在包含两重关系和谐状态），也就意味着两重关系得到改善，社会生态走向优化路径。

参考文献

1. 哈耶克:《自由秩序原理》(下),邓正来译,三联书店,1997 年。

2. 巴泽尔:《产权的经济分析》,上海三联书店,上海人民出版社,1997 年。

3. 陈富良:《规制政策分析:规制均衡的视角》,中国社会科学出版社,2007 年。

4. 陈云:《陈云文选》(1—3 卷),人民出版社,1995 年。

5. 道格拉斯·诺斯:《经济史中的结构与变迁》,上海三联书店,上海人民出版社,1994 年。

6. 科斯、阿钦等:《财产权利与制度变迁》,上海人民出版社,1994 年。

7. 邓小平:《邓小平文选》(1—3 卷),人民出版社,1993 年。

8. 国家统计局:中国统计年鉴(2012),中国统计出版社,2013 年。

9. 杜润生:《杜润生文集》(上、中、下),山西经济出版社,2008 年。

10. 何宝玉主编:《中华人民共和国农村土地承包法释义及实用指南》,中国民主法制出版社,2002 年。

11. 贺雪峰:《乡村治理的社会基础——转型期乡村社会性质研究》,中国社会科学出版社,2003 年。

12. 胡乔木:《胡乔木谈中共党史》,人民出版社,1990 年。

13. 黄宗智:《华北的小农经济与社会变迁》,中华书局,1986 年。

14. 姜贵善译:《日本的国土利用及土地征用法律精选》,世界地质出版社,2000 年。

15. 康芒斯：《制度经济学》，商务印书馆，1997 年。

16. 柯武刚、史漫飞：《制度经济学：社会秩序与公共政策》，商务印书馆，2000 年。

17. 林毅夫等：《中国的奇迹：发展战略与经济改革》，上海三联书店、上海人民出版社，1994 年。

18. 刘易斯：《二元经济论》，北京经济学院出版社，1989 年。

19. 毛泽东：《毛泽东文集》(6—8 卷)，人民出版社，2004 年。

20. 奥利弗·E. 威廉姆森：《治理机制》，中国社会科学出版社，2001 年。

21. 秦晖：《田园诗与狂想曲》，中央编译出版社，1996 年。

22. 速水佑次郎、神门善久：《农业经济论》，中国农业出版社，2003 年。

23. 舒尔茨：《报酬递增的源泉》，北京大学出版社，2001 年。

24. 舒尔茨：《改造传统农业》，商务印书馆，2006 年。

25. 孙达人：《中国农民变迁论——试探我国历史发展周期》，中央编译出版社，1996 年。

26. 孙中山：《孙中山选集》，人民出版社，1981 年。

27. 盛洪：《现代制度经济学》，北京大学出版社，2003 年。

28. 世界发展银行、国务院发展研究中心：《2003 年的中国——建设现代、和谐、有创造力的社会》，中国财政经济出版社，2013 年。

29. 温锐：《动态开放小农——现代化与中国农民的主体性讨论》，江西人民出版社，2013 年。

30. 温锐：《毛泽东视野中的中国农民问题》，江西人民出版社，2004 年。

31. 温锐：《农地产权制度变革与社会生态的互动》，中国社会科学出版社，2012 年版。

32. 温锐：《劳动力的流动与农村经济变迁：20 世纪赣闽粤三边地区实证研究》，中国社会科学出版，2001 年。

33. 徐勇：《乡村治理与中国治理》，中国社会科学出版社，2005 年。

34. 亚当·斯密：《国民财富的性质和原因的研究》，商务印书馆，1972 年。

35. 约翰·穆勒：《政治经济学原理及其在社会哲学上的若干应用》，商务印书馆，1991 年。

36. 袁庆明：《新制度经济学教程》，中国发展出版社，2011 年。

37. 赵冈、陈钟毅：《中国土地制度史》，新星出版社，2006年。

38. 张培刚：《农业与工业化》，华中科技大学出版社，2009年。

39. 中共中央文献研究室编：《十三（四、五、六、七）大以来重要文献选编》，人民出版社，1991年、1997年、2000年、2011年。

40. 《中国共产党第十八次全国代表大会文件汇编》，人民出版社，2012年。

41. 《中国共产党第十九次全国代表大会文件汇编》，人民出版社，2017年。

42. 蔡立东、姜楠：《农地三权分置的法实现》，《中国社会科学》，2017年第5期。

43. 蔡晶晶、毛寿龙：《复杂"社会—生态系统"的适应性治理扩展集体林权制度改革的视野》，《农业经济问题》，2011年第6期。

44. 北京天则经济研究所：《农地流转与农业现代化》，《管理世界》，2010年第7期。

45. 陈锡文：《必须把握农村改革的正确方向》，《中国集体经济》，2011年第9期。

46. 陈锡文：《当前我国农业农村发展的几个重要问题》，《南京农业大学学报》（社会科学版），2011年第1期。

47. 陈亮、王如松、王志理：《2003年中国省域社会—经济—自然复合生态系统生态位评价》，《应用生态学报》，2007年第8期。

48. 陈江龙、曲福田、陈雯：《农地非农化效率的空间差异及其对土地利用政策调整的启示》，《管理世界》，2004年第8期。

49. 陈会广、欧名豪、张潇琳：《被征地农民及其社会保障——文献评论与今后公共政策选择》，《中国土地科学》，2009年第2期。

50. 陈平南：《从交易费用的角度探讨我国农地流转的困境》，《广东农业科学》，2013年第13期。

51. 党国英：《深化土地制度改革不可久拖不决》，《国土资源》，2008年第1期。

52. 邓大才：《论承包土地流转的类型、层次和制度要求》，《济南市社会主义学院学报》，2002年第1期。

53. 邓大才：《制度安排、交易成本与农地流转价格》，《中州学刊》，

2009 年第 2 期。

54. 丁德昌：《我国农地发展权的立法创设及对耕地的保护》，《内蒙古农业大学学报》（社会科学版），2010 年第 3 期。

55. 丁宏：《江苏省经济社会生态系统协调度评价研究》，《江苏商论》，2008 年第 8 期。

56. 杜斌：《城市生态足迹计算方法的设计与案例》，《清华大学学报》（自然科学版），2004 年第 9 期。

57. 关艳：《农村土地流转市场交易成本经济学分析》，《经济问题》，2011 年第 4 期。

58. 盖光：《社会生态平衡与共生性的生存“合力”》，《江汉论坛》，2009 年第 6 期。

59. 郜亮亮：《中国农地流转市场的现状及完善建议》，《中州学刊》，2018 年第 2 期。

60. 黄祖辉、汪晖：《非公共利益性质的征地行为与土地发展权补偿》，《经济研究》，2002 年第 5 期。

61. 黄烈佳、张安录：《农地价值与农地城市流转决策若干问题探讨》，《地理与地理信息科学》，2006 年第 2 期。

62. 黄天元、李伟芳、钱忆露：《浅析我国征地制度中公共利益界定与征地范围划分问题》，《经济地理》，2006 年第 9 期。

63. 韩冰华：《农地资源合理配置的制度经济学分析》，华中农业大学博士论文，2005 年。

64. 蒋文莉、陈中伟：《农地流转滞后农村劳动力转移及区域差异分析》，《贵州社会科学》，2013 年第 9 期。

65. 江贤英、杨正：《城市新区社会生态发展面临问题与推进思路》，《学习与实践》，2016 年第 5 期。

66. 记者：《2010 年土地出让金占地方财政收入的比例高达 76.6%》，《南方周末》，2011 年 1 月 13 日。

67. 《去年土地出让金每亩 370 万》，《济南时报》，2013 年 2 月 23 日。

68. 《广东 2011 年社保基金结余逾 4000 亿全国居首》，《南方日报》，2012 年 5 月 30 日。

69. 黄英良：《交易成本和农地使用权流转组织形式的选择》，《理论学刊》，2005 年第 10 期。

70. 匡远配、杨佳利：《基于农地流转视角的中国农业技术效率分析》，《南京农业大学学报》（社会科学版），2018 年第 2 期。

71. 廖卫东：《生态环境产权市场的制度研究》，江西财经大学博士论文，2003 年。

72. 梁平、腾琦、李国栋：《社会生态环境视域下政府绩效评估的制约因素探讨》，《学术论坛》，2007 年第 7 期。

73. 吕军书、贾威：《“三权分置”制度下农村土地流转失约风险的防范机制研究》，《理论与改革》，2017 年第 6 期。

74. 刘兆军、李松泽：《“三权分置”权利关系下的农地流转方式研究》，《学习与探索》，2018 年第 2 期。

75. 刘玉侠：《农地保障还是社会保障——返乡农民工保障缺失问题探讨》，《经济问题探讨》，2009 年第 5 期。

76. 刘祚祥、黄权国：《公共领域、农地产权与农民的土地发展权分享》，《甘肃行政学院学报》，2008 年第 2 期。

77. 刘鸣达等：《农田生态系统服务功能研究新进展》，《生态环境》，2008 年第 3 期。

78. 罗必良、吴晨：《交易效率：农地承包经营权流转的新视角》，《农业技术经济》，2008 年第 2 期。

79. 罗必良、李尚蒲：《农地流转的交易费用：威廉姆森分析范式及广东的证据》，《农业经济问题》，2010 年第 12 期。

80. 罗必良、吴晨：《交易效率：农地承包经营权流转的新视角——基于广东个案研究》，《农业技术经济》，2008 年第 2 期。

81. 龙登高：《清代地权交易形式的多样化研究》，《清史研究》，2008 年第 3 期。

82. 龙登高、任志强、赵亮：《近世中国农地产权的多重权能》，《中国经济史研究》，2010 年第 4 期。

83. 李宁、张然、仇童伟、王舒娟：《农地产权变迁中的结构细分与“三权分置”改革》，《经济学家》，2017 年第 1 期。

84. 李昌平：《尊重农民的实践和选择权》，《南风窗》，2008 年第 22 期。

85. 李昌平：《粮食安全问题的化解之道——关于中国农业制度的思考》，

《探索与争鸣》，2011 年第 5 期。

86. 李兵：《社会生态问题引论》，《思想战线》，2000 年第 4 期。

87. 李嵩誉：《农地非农化中农民财产权益的实现》，《郑州大学学报》，2011 年第 2 期。

88. 李波、于水：《生态公民：生态文明建设的社会基础》，《西南民族大学学报》（人文社科版），2018 年第 3 期。

89. 李宗桂：《官本位“逆流”侵蚀社会生态》，《人民论坛》，2012 年第 10 期（下）。

90. 李孔岳：《农地专用性资产与交易的不确定性对农地流转交易费用的影响》，《管理世界》，2009 年第 3 期。

91. 李霞、李万明：《农地流转口头协议的制度经济学分析——一个交易费用分析的框架》，《农业经济》，2011 年第 8 期。

92. 茅于轼：《资源配置创造财富》，《中关村》，2013 年第 1 期。

93. 马世骏、王如松：《社会—经济—自然复合生态系统》，《生态学报》，1984 年第 1 期。

94. 彭小霞：《农村征地生态补偿法律机制构建研究》，《广西社会科学》，2017 年第 3 期。

95. 曲福田、陈江龙：《两岸经济成长阶段农地非农化的比较研究》，《中国土地科学》，2001 年第 6 期。

96. 曲福田、冯淑怡、诸培新、陈志刚：《制度安排、价格机制与农地非农化研究》，《经济学》（季刊），2004 年第 4 期。

97. 钱忠好：《中国农地保护：理论与政策分析》，《管理世界》，2003 年第 10 期。

98. 钱忠好、肖屹、曲福田：《农民土地产权认知、土地征用意愿与征地制度改革——基于江西省鹰潭市的实证研究》，《中国农村经济》，2007 年第 1 期。

99. 钱忠好：《外部利润、效率损失与农地股份合作制度创新》，《江海学刊》，2007 年第 1 期。

100. 秦晖：《农民地权六论》，《社会科学论坛》，2007 年第 5 期（上）。

101. 盛洪：《为什么要研究土地制度》，《南方周末》，2012 年 5 月 31 日（F31）。

102. 石敏、李琴:《我国农地流转的动因分析——基于广东省的实证研究》,《农业技术经济》,2014 年第 1 期。

103. 史为民:《我国征地补偿纠纷的法律思考》,《广西社会科学》,2008 年第 9 期。

104. 单胜道:《环境资源价值评价方法在农地价格评估中的应用》,《国土与自然资源研究》,2002 年第 2 期。

105. 沈志远:《我国农地发展权制度的缺失、成因及其构建》,《经济论坛》,2011 年第 5 期。

106. 孙阳、张落成、姚士谋:《基于社会生态系统视角的长三角地级城市韧性度评价》,《中国人口·资源与环境》,2017 年第 8 期。

107. 孙晶、王俊等:《社会—生态系统恢复力研究综述》,《生态学报》,2007 年第 12 期。

108. 唐敏:《农地流转不是诱农取地》,《瞭望》,2010 年第 35 期。

109. 谭荣、曲福田:《自然资源合理利用与经济可持续发展》,《自然资源学报》,2005 年第 6 期。

110. 田健、曾穗平、曾坚:《"平衡"与"共赢"——基于社会生态系统重构的绿心地区规划策略研究》,《城市规划》,2017 年第 11 期。

111. 王拜、张安录:《农地价格构成极其评估方法研究》,《理论月刊》,2007 年第 6 期。

112. 王玉霞、朱艳:《制度变迁视角下的家庭承包经营和农村土地股份合作制度》,《云南财经大学学报》,2009 年第 1 期。

113. 王亚力:《基于复合生态系统理论的生态型城市化研究》,湖南师范大学博士论文,2010 年。

114. 文贯中:《土地制度必须允许农民有退出自由》,《社会观察》,2008 年第 11 期。

115. 文雄:《农地流转促进农业适度规模经营问题研究》,湖南农业大学博士论文,2011 年。

116. 温家宝:《中国农业与农村的发展道路》,《农民日报》,2012 年 1 月 27 日。

117. 温铁军:《我国为什么不能实行农村土地私有化》,《红旗文稿》,2009 年第 2 期。

118. 温铁军：《新农村建设的重点与土地私有化的理论逻辑——缓解三农问题的道路之辨》，《绿叶》，2008 年第 11 期。

119. 温锐：《农村土地产权制度创新的认识障碍》，《福建师范大学学报》，2006 年第 2 期。

120. 温锐：《农地产权制度改革的历史纠结、共识与创新节点》，《经济学动态》，2013 年第 4 期。

121. 温锐：《“十五”以来中国农地制度改革的探讨》，《经济学动态》，2009 年第 6 期。

122. 温锐：《政府主导与农民主体的互动》，《中国农村经济》，2007 年第 1 期。

123. 温锐：《20 世纪 90 年代以来农村宗族与村治研究之管窥》，《福建师范大学学报》，2004 年第 4 期。

124. 温锐：《央苏区平分土地政策与农民权益保障的再认识》，《中共党史研究》，2010 年第 5 期。

125. 伍世安：《基于循环经济视角的资源环境价格形成探讨》，《当代财经》，2009 年第 10 期。

126. 伍世安：《深化能源资源价格改革：从市场、政府分轨到“市场 + 政府”合轨》，《财贸经济》，2011 年第 5 期。

127. 伍世安：《转变经济方式的制度性障碍分析》，《企业经济》，2012 年第 2 期。

128. 伍世安、方石玉：《土地使用权股份化——农村土地使用制度新探索》，《当代财经》，2001 年第 2 期。

129. 吴振发：《农地转用方案之地景生态效益评估》，《经济法制论丛》，2004 年第 23 期。

130. 吴玲、李萌：《农地承包经营权流转是破解农地制度悖论的有效路径》，《东北农业大学学报》（社会科学版），2010 年第 6 期。

131. 吴晨：《广东农地流转的现状、问题与对策——基于 2007 年广东 10 市 654 户农户的调查》，《南方农村》，2008 年第 6 期。

132. 武力：《要重视土地改革对乡村社会的深远影响》，《当代中国史研究》2011 年第 1 期。

133. 武力：《论我国编制和实施五年计划的历史经验》，《中国经济时报》，2006 年 4 月 3 日。

134. 武力：《保持经济又好又快发展要处理好三个问题》，《前线》，2010 年第 10 期。

135. 武力：《近代以来国家与农民关系演变》，《武陵学刊》，2011 年第 1 期。

136. 万举：《农地流转成本、交易体系及其权利完善》，《改革》，2009 年第 2 期。

137. 万本太：《生态文明建设评价的思考》，《中国环境报》，2011 年 12 月 8 日。

138. 吴建寨、张红凤：《社会—经济—自然复合生态系统协调发展实证研究》，《经济理论与经济管理》，2009 年第 12 期。

139. 吴敬琏：《城市化最大的问题是效率低下》，《人民日报》，2012 年 10 月 17 日。

140. 徐济益、马晨：《被征地农民安置制度的困境与优化》，《华南农业大学学报（社会科学版）》，2018 年第 2 期。

141. 夏显力、贾书楠、蔡洁、贾亚娟：《农地流转中转出户的福利效应——基于政府主导与市场主导两种模式的比较分析》，《西北农林科技大学学报》（社会科学版），2018 年第 2 期。

142. 许庆、刘进、钱有飞：《劳动力流动、农地确权与农地流转》，《农业技术经济》，2017 年第 5 期。

143. 肖艳：《土地股份合作制：农村土地产权制度改革的一种形式》，《福建论坛》（经济社会版），1996 年第 8 期。

144. 薛红霞：《农村土地资产化的驱动力研究》，《国土资源科技管理》，2012 年第 1 期。

145. 徐保根、韩璐：《农村居民点集中与农地流转的关系及其影响因素研究》，《中国土地科学》，2013 年第 9 期。

146. 袁国龙、林金忠：《农地流转与产业转移——研究刘易斯转折点问题的一个崭新视角》，《江苏社会科学》，2014 年第 1 期。

147. 杨雪梅：《我国城市化水平首超 50%》，《人民日报》，2011 年 12 月 20 日。

148. 杨永芳、艾少伟：《生态补偿在征地补偿中的缺失及路径选择》，《中国土地科学》，2007 年第 6 期。

149. 于建嵘：《农村土地改革的根本出路》，《南风窗》，2010 年第 26 期。

150. 叶峻：《社会生态系统：结构与功能分析》，《烟台大学学报》（哲学社会科学版），1998 年第 4 期。

151. 张安录：《城乡生态经济交错区农地城市流转与土地价值增值研究》，《华中农业大学学报》（社会科学版），1999 年第 4 期。

152. 张安录、毛泓：《农地城市流转：途径、方式及特征》，《地理学与国土研究》，2000 年第 2 期。

153. 张宏斌、贾生华：《土地非农化调控机制分析》，《经济研究》，2001 年第 12 期。

154. 张静：《生态位理论在农村社会生态系统研究中的应用》，《兰州大学学报》（社会科学版），1992 年第 1 期。

155. 张燕、张洪、彭补拙：《我国耕地价值研究现状概述》，《土壤》，2008 年第 1 期。

156. 张笑寒、吴龙桓：《农村女土地维权行为及现实制约》，《农村经济》，2012 年第 3 期。

157. 张志勇：《江西省油茶面积达 1300 多万亩》，《江西日报》，2013 年 4 月 21 日。

158. 张溪、黄少安：《交易费用视角下的农地流转模式与契约选择》，《东岳论丛》，2017 年第 7 期。

159. 张毅、张红、毕宝德：《农地的“三权分置”及改革问题：政策轨迹、文本分析与产权重构》，《中国软科学》，2016 年第 3 期。

160. 臧俊梅等：《农地发展权的价格涵义与价值分析》，《经济体制改革》，2009 年第 5 期。

161. 周晓芳：《从恢复力到社会生态系统：国外研究对我国地理学的启示》，《世界地理研究》，2017 年第 4 期。

162. 周其仁：《增加农民收入不能回避产权界定》，《发展》，2002 年第 3 期。

163. 周其仁：《农地产权与征地制度——中国城市化面临的重大选择》，《经济学》（季刊），2004 年第 4 期。

164. 朱红波：《粮食安全的耕地资源保障措施研究》，《水土保持研究》，

2006 年第 10 期。

165. 竹立家:《土地腐败案为何屡禁不止》,《人民论坛》,2006 年第 22 期。

166. 高云才:《农村承包地确权进入收尾阶段》,《人民日报》,2018 年 5 月 6 日。

167. Costanza R, d'Arge R, de Groot R, Farber S, Grasso M, Hannon B, Limburg K, Naeem S, O'Neill RV, Paruelo J, Raskin RG, Sutton P. The value of the world's ecosystem services and natural capital. Nature, 1997, 387: 253 -260.

168. Collier, Paul. Distributive Conflicts, Collective Action, and Institutional Economics, Oxford University Press, Oxford and New York, 2001.

169. Francesca Bettio and Alina Verashchagina, Frontiers in the Economics of Gender, Rutledge, 2008.

170. Jonathan R. T. Hughes. Ecology and Historical Materialism, Cambridge University Press, 2000.

171. Joseph C. H. Chai and Kartik C Economic Reform in China and India, Edward Elgar Publishing, Inc, 2006.

172. Lewis Mumford. The City in History: Its Origins, Its Transformation, and Its Prospects, Harcourt, Brace & Word, Inc. New York, 1961.

173. Murray Bookchin. The Ecology of Freedom: The Emergence and Dissolution of Hierarchy. Oakland: AK Press, 2005.

174. North. D. Institutions, Institutional Change and Economic Performance, Cambridge University Press, 1990.

175. Roy E. Allen. Human Ecology Economics: A New Framework for Global Sustainability, Routledge, 2008.

176. R. H. Coase. The Nature of the Firm. *Economica* New Series, Vol. 4, No. 16 (Nov., 1937), 386 -405.

177. Steven. N. Cheung, The Theory of Share Tenancy, 中信出版社, 2010 年版。

178. Williamson, O. E. The Economic Institutions of Capitalism, Free Press (New York), 1985.

179. Shahid Yusuf and Anthony Saich. China Urbanizes: Consequences, Strat-

egies, and Policies, edited by The International Bank for Reconstruction and Development, The World Bank, 2008.

180. Costanza R, d'Arge R, de Groot R, Farber S, Grasso M, Hannon B, Limburg K, Naeem S, O'Neill RV, Paruelo J, Raskin RG, Sutton P. The Value of the World's Ecosystem Services and Natural Capital, Nature, 387, 1997.

181. Eric F. Lambin; B. L. Turner. The causes of land-use and land-cover change: moving beyond the myths Global Environmental Change 11 (2001) 261 -269.

182. Harold Demset Z. Toward a Theory of property rights. Ameriean Eeonomie Review, 57, no. 2, 1967.

183. R. H. Coase. The Problem of Social Cost, Journal of Law and Economics, Vol. 3. (Oct., 1960).

184. Wen, G. J. The land tenure system and its saving and investment mechanism: the case of morden China, Asian Economic J. 93, 1995.

185. R. Michael M'Gonigle. Ecological economics and political ecology: towards a necessary synthesis Ecological Economics, Volume 28, Issue 1, January 1999.

186. William Rees and Mathis Wackernagei, Urban Ecological Footprints: Why Cities Cannot Be Sustainable And Why They Are a Key to Sustainability, Environ Impact Assess Rev, Vol. 16, No. 4 -6 1996.

附录　本研究的前期成果

1. 李永安:《农村要突破从土地保障向社会保障转型的认识障碍》,《现代经济探讨》, 2013 年第 12 期。(CSSCI, 核心)

2. 李永安:《农村妇女土地权益保障问题探讨: 历史与制度的双重视角》,《农业经济》, 2014 年第 2 期。(核心)

3. 李永安:《农地生态价格实现的产权经济学分析》,《广东农业科学》, 2013 第 22 期。(CSCD 扩, 核心)

4. 李永安:《当前农地制度下的困局与农地市场化流转机制改革》,《浙江农业学报》, 2013 年第 6 期。(CSCD, 核心)

5. 李永安:《基于公平与效率的农地生态发展权问题探讨》,《江苏农业科学》, 2013 第 8 期。(CSCD 扩, 核心)

6. 温锐、李永安:《十六大以来农民土地财产权益改革进程与展望》,《中共党史研究》, 2012 年第 7 期。(CSSCI, 权威刊物)(2012 年第 19 期《新华文摘》全文转载)

7. 李永安:《影响我国农业机械化发展的制度困境与改革出路》,《中国农机化学报》, 2014 年第 5 期。(核心)

8. 李永安、高月梅:《当前我国农地产权制度的“效率”逻辑与生态转型》,《江苏农业科学》, 2014 年第 12 期。(核心)

9. 李永安:《姓公”“姓私”之争与农地产权认识困境突围》,《云南农业大学学报》,《社会科学版》, 2014 年第 3 期。

10. 李永安:《社会生态交易成本视角下的农村土地流转问题探讨》,《改革与战略》, 2016 第 7 期。(核心)

11. 李永安:《农民增进土地发展权的现实困境与制度突围——对农地股份合作制的探讨》,《国土资源科技管理》, 2014 年第 6 期。(核心)

后　记

论文在大半年前已基本完成，当时自信可以定稿，因为论文是在导师的指导下，紧扣一个个问题而作。这一个个问题又汇集在“社会生态”这一大命题下，也就形成了论文的体系。但是，导师认为不能马虎，应该做得更好，因而又经过了大半年的磨砺。历经四年，我的博士学位论文终于尘埃落定，我的博士学业也即将结束。这四年的学习生涯历历在目，博士生阶段的学习，使我在学术上、生活上都受益匪浅。首先，作为农家子弟，我更坚定了献身“三农”、关注“三农”问题的更大决心，使我的专业知识有很大的提升；其次，经历了博士入学的踌躇满志、初期的方向迷惑、中期的书海拾贝、后期的论文反复修改，我明白学习就是一种意志磨炼和心理承受能力提高的过程；最后，我最大的收获是学会了感恩与珍惜。在此，我要向帮助和关心我的人表示衷心的感谢！

我要向我的导师温锐教授致敬！谢谢您的关爱与教诲。十年前有幸感受过温老师的学识和风采，四年前有幸能被温老师收于门下，乃是我人生一大幸事。在博士生阶段的学习过程中，温锐教授高尚的人格魅力、严谨的治学态度和深厚的学术功底，不仅深深地影响着我的“为学”，也影响到同为教师的我如何为教，更是深深地影响我的为人。温老师总是循循善诱，每当我聆听导师的教诲，总感觉有一股清泉涌入心田。常常与温老师就某一问题进行讨论，当温老师有新的心得体会或新的学术灵感，年逾花甲的他就像一个在海滩上玩耍的四五岁的孩子，拾到了一个漂亮的贝壳那般地兴奋；他对于所研究的问题，也像一个四五岁的孩子，永远保持着好奇，不断地追问为什么，在追问中探求真理。这种对学术的激情正是温老师能够始终站在学术前沿的持久动力，同时也是一种能使众多的学生受到感染并获益终身的正能量，这也正是几位师兄在学术上都小有成就的原因。给我的感觉，温老师指导弟子有三个法宝：第一，培养学生的问题意识。在他面前，如果不带着真问题去，任何空虚的伪装都会变得无处遁形，而这正是培养学术敏感性的基础。第二，努力为学生创造学术交流环境，参加学术会议总是带着学生，并且通过举办高层次学术交流会，鼓励学生直接与学术权威专家对话。第三，鼓励学生走出书斋做学问，去接“地气”，使学问有坚实的现实基础。作为温老师的弟子，我诚惶诚恐，唯恐少许的懒惰放松，愧对老师的厚望和教诲。在博士论文的写作过程中，从选题到最后定稿，都倾注了老师的心血。在此仅有两个字来表达，那就是“感恩”。我还要感谢师母杨丽琼老师，她对学生的关心，是支持学生完成学业的动力。

我还要向博士学习期间的各位老师致敬！伍世安教授的严谨治学的态度和教风，给我留下了深刻的印象，使我明白，无论做什么事，端正的态度是多么重要。王小平教授以自由派的经济学原理，联系中国改革的现实，向学生阐述发展的逻辑；而陈富良教授从另一种理论视角，非常有说服力地论证了转型期中国改革过程中政府规制的重要性。由此，我想到，世界是多元的，思想是多元的，江财的学术体现了包容性和多样化。方宝璋教授的博学谦和、廖卫东教授的雅儒气质，以及龚汝富教授、许统生教授、匡萃坚教授、戴达远教授、聂高辉教授等丰富的学识，使我受益匪浅。在报考温老师的博士之前，得到了陈始发教授的鼓励。还有我的硕导黎建军、李立娥老师夫妇，他们不仅在我读硕期间，教会我用史学的眼光去观察世界、观察问题，这正是我读博的知识和素养之基础，而且在我读博期间也给予我学习上的鼓励。我还要特别感谢袁庆明教授，就新制度经济学和交易费用理论（本文的分析工具）相关问题，我向袁教授多次请教，受益颇多。

论文的脱稿，也受益于同门师兄弟多次讨论，并获得诸多启发，在此表示感谢。他们是：江西财大邹勇文、邱贵闽、杨华星、杨勇、张红、邹心平、张珉、周海燕、范博，江西师大陈胜祥，南昌大学闵桂林、余永和，南昌航空大学刘世强、孙捷等。另外，通过导师举办学术交流会等方式，感受到武力教授、龙登高教授、刘守英教授、秦晖教授等名家大儒的风采，他们的思想对我颇有影响。在导师温锐教授的思想启发和精心指导下，本论文有不少相关前期成果，得到《中共党史研究》《现代经济探讨》《江苏农业科学》《浙江农业学报》《农业经济》《华东交通大学学报》等刊物审稿过程中编辑老师及外审专家的意见，并被录用刊载，在此一并致谢。

我的博士同窗，在学习过程中互相勉励。有时因问题而争论，有时因学习上的挫折而互相勉励。在学习的艰困道路上，因为有他们才不感寂寞，有了他们才更增添了学习的乐趣。他们是章莳安、周晔、高月梅、戴丽华、张毓卿、聂爱云、张诗超、邬佩琳、汪颖、时洪洋、李银才。

家庭是我永远的精神支柱，我要感谢我的父母亲对我的鼓励。父母亲虽然是普通的农民，但是他们秉承了江西农民的耕读文化理念，崇尚读书，认为读书才能有见识，才能明事理。这种朴素家训，是我对知识渴求的原动力。我还要感谢我的爱人赵菊连女士，为了我能够完成学业，她几乎承担了全部的家务和教育孩子的责任。而我的孩子李行舟，更是我奋发向上的动力。因为他，我感觉到我作为父亲的责任，感觉到我的一言一行、我的学习态度都会影响着他，从而使我能够奋发向上、笃言慎行。

博士学习阶段的结束，更是我的学术生涯的另一个起点。“路漫漫其修远兮，吾将上下而求索。”对于师友以及亲人的关爱和帮助，感谢之情难以言表，而我只能加倍努力，来回报他们的厚望。

李永安

2014 年 3 月 8 日